自己肯定感低すぎて
嫉妬してるときの自分
マジで化け物みたい

シイナナルミ

KADOKAWA

はじめに

おは民共和国〜♪　なるみんことシイナナルミです♡
数年前に地下アイドルをやめてYouTuberとして、
彼氏大好きな女子あるあるネタを投稿していくうちに、
メンヘラYouTuberと呼ばれるようになったんだ。

そんな私の持論！　メンヘラってね、
シンプルに彼氏が好きすぎるだけなの！
「メンヘラな自分を変えたい」って思う必要なんて全くない。
彼氏のSNSは見るし、好きだよかわいいって言われたいし、
誰よりも愛されたい。　彼氏だけに！
高校生のころ彼氏になるみん専用の携帯持たせてたし〜。
彼氏にしか愛を向けてないってだけなのに、

「重ーい！」とか外野がごちゃごちゃうるせぇんだよ卍卍卍
一生こんな感じで生きていきますぴーす♡

誰かを大好きな気持ちは何にも恥ずかしくねぇぞ！
「○歳だから恥ずかしい」「そろそろ卒業しないと」
……どこの誰を気にしてんの？
どうせいつかは死ぬんだし、今を楽しむほうがよくない？
重くてもどこか前向きな、ネオメンヘラになって
明日からちょっとでも自分を好きになろうよ！
自己肯定感低くたって、幸せになれる。
私の実体験から学んだ本気の恋愛論、ぜひ読んでみて欲しい！
恋するメンヘラ女子全員に捧げる、恋愛参考書です♡

第2章 メンヘラは好きピ中毒♡

重いって言わないで？？？ただ好きすぎるだけなの

第3章 メンヘラVSその他の女

自己肯定感低すぎて嫉妬してるときの自分マジで化け物みたい

第5章 メンヘラの別れと復縁

クソキツいし病むけど
恋の経験値は上がる♡

第1章

メンヘラ的
恋の
はじめかた

他の女に目もくれないで
私だけを見て欲しいって
軽率に病む

結局、直感！「好きな人センサー」は出会った瞬間に反応する！

好きになる人は、最初から好きな人。出会った瞬間にわかる。むしろ「この人好きだなあ」って最初に思える人じゃないと付き合えない。雰囲気とか話しかたとかで「ヤバい！　めっちゃ心臓ドキドキする！」っていうくらい運命感じたときは、大体付き合うんだよね。けっこうフィーリングとか信じちゃうタイプなんで。

だから私は、好きな人のことを〝好きじゃない期間〟がない。初めましてのときに「好きかも」って感じて、そっから、どんどんどんどん大好きになる。逆に「最初は何とも思ってなかったのに好きになった」

パターンが理解できない。でも、みんな無意識のうちに「少しは好き」って感じてるはずなんだよね。「そんなことない！」って言う人も、見た目の好みとか、性格の相性とかで多少は判断してない？

そして、書類審査を合格した人達が二次面接、三次面接に進み、厳選されたひとりが、好きな人になってるはず♡　もちろん「顔はタイプじゃないけど一緒にいて楽しい」からの敗者復活戦で付き合うパターンもあると思う。

でも、私の場合は、最初の直感が当たる。「好きな人センサー」の精度がすごくいい！　このセンサーはめちゃくちゃ効率がいい。私も最初から持っていたわけじゃなくて、**心から好きな人と付き合っていくうちに磨かれていった。**　自分がどういう人を好きになるか、わかってくるからかな？　うん、多分そう。だからぜっっったい！　心から好きになった人と付き合うべきなんです。

「恋してない」ってヤバいの？
好きって突然に訪れるから
恋の戦闘態勢に入れるように
自分磨きしておこ

「好きな人ができないんですけど、ヤバいですか？」ってDMめっちゃ来る。ごめん、何がヤバいの？　逆に。何歳で彼氏ができようが、結婚しようがしまいが、ヤバいことなんてひとつもない！　恋って、他人は関係ないのに、比べるのがおかしい。そもそも恋愛が人生のすべてではないし、みんなに彼氏がいて自分にはいないからって焦らなくていいでしょ。恋愛は強制でも義務でも何でもないから、いいじゃんフリーを楽しもう♡　そもそもなるみんは、「好きな人をつくりたい」っていう考えは間違ってるって思います。

「好き」は突然訪れるもの。**今やるべきことは、「好きな人できないヤバーいどうしよー」って焦ることではなく、突然の「好き」が現れたときのために自分を磨いておくこと！** 好きな人に、選んでもらえる自分にならないとね。

人を好きになったことがない人に、「好きとは何か」を伝えるのはめちゃくちゃ難しい。なるみん的には、自分だけに笑って欲しいとか、自分だけを見て欲しいという独占欲。おいしいものを食べたときや楽しいことがあったときに話したいなって思う共有欲。その人の一挙一動にふりまわされちゃう自分。それらがそろうと「好き」ってことなのかなと思います。でもこればっかりは、いくら言葉を尽くしても、うまく伝えられない。でもでも、その「突然」が来たら絶対絶対わかるよ！ **「これって好きなのかなあ～？」とかないんですよ。絶対にわかるんですよ。**「これが好きってことか!!」って。

ネットストーカーは、
好きになってもらうための努力。
同じものを楽しみたいという愛。
だから気持ち悪くないよ♡

好きな人の好みのタイプが知りたい？　あのですね、SNSを見たらその人のことは8割わかります。　私は好きな人ができたら、ネットストーカーというあんまりよろしくないことをするんだけど、それでだいぶ相手がわかるんです！　名前、出身、卒業した学校、会社名という情報を駆使して、まずはSNSを特定。　そしてフォロー・フォロワー・メディア欄、いいね欄、リプ欄。全部見ます♡　そこで**「この時期いいねしまくってる女、絶対元カノじゃん」「いいね欄に黒髪ばっかりいるじゃん」とかって軽率に病みます。**恐らく過去に好きだったであろう女が自分と正反対だった場合、軽率に病む。

Ｔｗｉｔｔｅｒとかで、相手の趣味や好みを事前にリサーチするのは当然！　勉強して、「私も前から好きなんだよね♡」って体《てい》で話します。例えばアニメ好きな男の子を好きになったときは、彼の好きな作品をめちゃくちゃ勉強して、同族を装って親近感を持たせて近づく！　これはストーカーじゃなくて、好きになってもらう努力♡　同じものを楽しみたいっていう愛♡　気持ち悪くなんてないよ♡　ＳＮＳは下調べ！

ちなみにインスタ。　いいね欄見られないでしょ？　いい方法があって、**サブアカをつくって、彼と彼の女友達をフォローしまくっておくと「○○さんがいいねしました」って出てくるの。**　おすすめ♡　さらっと見ていいねしていない女は基本何もないので、ひっかかる女をフォローね。　もちろん彼と話すときには、バレないようにけっこう気をつけてます。　ＳＮＳで知ってることでも「へーそうなんだぁ」って。そういうお芝居も大切です、恋には。

好きな人と
LINEを交換したら
まずタイムラインを
最古まで遡りすべての
〃プロフィール画像を
変更しました〃の
スクショを

それにいちいち
コメントしてる女の
アイコンと名前を
スクショ、それまでが
毎回デフォ。

好きになっちゃうと
Twitterリスト入れて
監視しちゃうし
インスタのログイン時間
常にチェックしちゃうし
いいね欄過去まで遡って
全部見てしまうし
結果知らなくていいことまで
知って病むのやめたい

いいね欄見て
全然女の子いいね
してなかったときは
好き、、、、、
となってしまう。

略奪される男は自制心がない。本命になれたってまた略奪される。「彼女とは別れる」じゃねぇよ、別れてから来い!!

彼女や妻子持ちの男を好きな女子に告ぐ! 浮気からはじまった相手って、**自分が本命の彼女になれたとしても他の女がいいと思ったらそっちにいくんだな認定**ですけど、大丈夫ですか? 基本的には繰り返すよ。うまくいくのは特例だと思う。自制心がないってことだし、そういう男は大体だらしない。

浮気された立場になって考えてみて。自分の彼氏が浮気してましたって、悲しいし傷つくし奪われたって気持ちになる。妻子持ちなんて、自分のお父さんが不倫してたらどう思う? 家族を奪われたって気持ちにならない？　自分の立場だけで考えちゃダメ。浮気された側の人達の気持ちと、自分の気持ちを比べたときに「他人が傷ついても関係ねえ」って思うなら続ければいいけど、「嫌だな」と思うならやめたほうがいい。「関係ない」と心からは思えないんじゃないかな。卍浮気絶対こ〇すマン卍の私は、取られちゃう彼女のほうに感情移入しちゃうな〜。

好きになった人が彼女いることを隠していたとしたら、本当につらいよね。悲しいよね。かわいそうだなって思う。でも、それは言い訳にならない。**好きっていう気持ちは消せなくても、距離を置くのは自分でできる。わかった上で連絡するのは甘えだよ。**ダマされたのかもしれないけど、連絡取るのはあなたの意志だよね。恋は盲目って言うけど、誰かの幸せを奪った上での幸せでいいの？　まあ100％男が悪いけどね。しかもあいつら、「彼女とは別れる」とか言うし。だったら別れてから来い！

幸せならダメ男を好きになるのをやめる必要なんて全くない。でも「彼氏に大切にされない私」を私も大切にできなくなる

まず最初に言いたい！　自分が幸せならダメ男と付き合ってもいいんだよ！　周りにいろいろ言われても、自分が幸せならそれは幸せな恋！やめる必要は全くない。**「彼氏を甘やかすのはありえない」っていうのは他人の価値観で、「彼氏を甘やかせて幸せ」っていうのが私の価値観！**

年収何千万以上で実家がお金持ちでみたいな、ハイスペと付き合ったところで、こっちは幸せじゃねーんだよ卍卍　幸せなので大丈夫ですぴーす♡　ということです。極論、ホス狂いになったって、幸せならOKだと思う。本人が幸せならそれはダマされてるわけでもなん

でもない！　幸せならね。

けど、私自身は「ダメ男とはもう付き合いたくない」という価値観です。昔はダメ男が好きだったけど、「何で好きだったんだろ？」って感じ。大切にしてくれないのに相手におごってばかりだったし、女友達との約束を優先されることも多かった。そうするといつのまにか、彼氏に大切にされない自分を、自分でも大切にできなくなるんだよ〜!! **大切にしてもらえない原因が自分にあるのかなって考えるようになる。「かわいくないしな」「私なんかがわがまま言えないな」ってどんどん自信がなくなる**んだよね。逆に彼氏に大切にしてもらえると、「何でこんなに大切にしてもらえるんだろう♡」「甘やかしてくれるんだろう♡」「もしかして、私って魅力ある？」って自信がついて、周りの人間関係までうまくいくようになる。選びたい相手ってどっちですか？　後者ですよね？　だから私はダメ男と付き合いたくない派です！

男ウケじゃなくて好きピウケ♡「俺以外にもかわいい態度なの？」って勘違いされたくないからモテなんて不必要

私は男ウケじゃなくて好きピウケしたい♡　いわゆる男ウケの服も好きじゃないいんだよね。　自分がかわいいと思える服を着てないとアガらないから、好きな服を着てるなるみんをかわいいって思ってくれる人がいちばんいいい〜♡　まあ、**かわいいって言われたいから結局好きピに合わせるし、だからかわいくなくてもかわいいって言って欲しいんだけど……。**

好きな人＞自分＞＞＞＞＞＞＞＞他の男（モブ）って感じだから、モテを気にしたことがない。　モテたいって考えはいいことだと思うけど、なるみんはどうでもいい人から好かれて好きな人に振り向かれないより、他の人から嫌いって言われても、たったひとりの大好きな人から好きって言われるほうがうれしい♡　むしろそれ以外の男からかわいいって言われたくないし、他の男には塩対応。好きな人の前でだけ、かわいい部分を見せる。だって、「俺以外にもそういう態度なのかな？」って勘違いされたくないじゃん！

好きな人からモテるには「まずはかわいくなること！」って考えるけど、**実は実は実は、男の子ってそこまで顔を重視してなかったりする。**

あるとき、男友達と恋愛について語ったことがあって、発覚しました。顔って入り口では重要なんだけど、最終的にはどタイプじゃなくてもストライクゾーンに入っていればいいらしい。それよりも、自分を理解してくれるとか、気持ちに寄りそってくれるほうが大事なんだって。意外にもモテるのは中身。特に好きピだけに好かれるための参考にしてね♡

マジで
その他全人類からの
評価どうでもいいから

好きな人から
かわいいって
言われる人生はよ

印象なしがマイナス、嫌われてやっとゼロ、好きが最高のプラス♡だから片思いでも積極的にアプローチ

好きな人の前では、あきらかに態度を変える。特別な存在だってわかって欲しいから。積極的に動いて、微妙な関係になっちゃったらどうしよう……？　って不安になるかもしれないけど、存在が薄いより全然よくない？　性格ねじ曲がってるから、なるみん的には**「何にも思われてないなら、嫌われるほうがいい！」って思っちゃう。その人の頭の中に自分がいるってことじゃん！**

嫌いから好きになることって正直あるんですよ。でも「何にも思わない」から、好きになるって難しい。だからいちばん最悪なのが「印

象なし」のマイナス、「嫌われる」のがやっとゼロ。「好き」がプラスなの。「最初は嫌いだったけど、意外と優しいとこあるんだな」って気になりはじめること、けっこう多いでしょ？

具体的に態度を変えるというのは、ボディタッチをするとか、たわいないＬＩＮＥを送るとか、「〇〇の映画観たいな」って言ってみるとか、その人だけにする。あと、服とか髪とかいつもと雰囲気が違ったら見逃さずにホメる！「なるみんだけ気付いてくれた」っていうのは絶対ポイントになる。好きな人なら、小さな変化だって気付くもん。変化がなくてもこまめにホメる。**媚びてるんじゃなくて、「あなたのいいところを私は知ってるよ」ってちゃんと伝える**ってこと。

好きな人へのアプローチって「女をめちゃくちゃ出す」とかではなくて「人としていい子だな」って思われるようにする。露出が高い服着るとかじゃないの。ちゃんと話を聞くとか、前に話してたことを覚えてるとか、「好きになってもらう努力」ってそういうこと♡　決して「ヤレそうな感じ」を出しちゃダメだよ！

脈なしなのに何回アピールしても意味ない。「こんなに好きなのに何で⁇」って自分を変えないのは図々しい

何回好きアピールしてもスッとかわされる場合！　例えば、デートの約束をしようとしても、「空いてる日あったら連絡するね＾＾」と言われてしまう場合！　はっきり言います、脈なしです。　なぜなら、私が脈なしのときこうするからですｗ　だって、会いたかったら忙しくても「この日夜だったら行けるよー」って、予定空けるもん。　このまま押しても付き合える可能性は低いんじゃないかな。　特に、女子から男子への片思いの場合は。　女の子には「１００回告白されたから付き合った」っていう気持ちの変化が起きるけど、男の子にはほとんどない気が

する。

同じアプローチを続けても、気持ちは動かせないよ。「好き好き何でこんなに好きなのに彼は好きになってくれないのぴえん。」ってダメなやりかたを何回もやるのは努力じゃなくて、バカ。厚かましい。**今のあなたを彼は好きになれないのに、「お願い好きになって!!」って、図々しいお願いなんじゃないでしょうか？**

好きってアピールしてもダメなのには原因が絶対ある。だって、どタイプじゃなくても許容範囲に入ってたら、彼も嫌な気はしないよね。かわされるってことはちょっともかすってないってことだよ！　むしろ「かわしてるのに、空気読んでくれない」ってマイナスの印象を持たせちゃうかもしれない。**「好き好き言われたくないんだろうな」っていうのを察することもできず、いったん引くこともできない女が恋愛対象になるわけない。**引いてそのすきに、仕事の能力を上げるとか、かわいくなるとか努力をして、彼が好きになれる自分になってから、もう1回チャレンジするんだよ！

好きな人に好かれないのにどうでもいい奴への態度は「追いかけたい」女になっちゃってる事案

好きな人には好かれないのに、どうでもいい人に好かれる問題。これは需要の問題なんじゃない？　ギャルはヤンキーと、オタクはオタクと付き合うことが多いよね。自分はどこに需要があるのか、つまり、「客観的に見て自分はどういう人から好かれるのか」を考えると、答えが出るかもしれないよ。**「私の好きな人はどういう人なのかな」だけじゃなく、「私を好きになる人はどういう人なのかな」を、考えてみて。**

だいたいそういう人って好きな男に尽くしすぎてる。しかも、それで病んでる……。友達にもそういう子、いっぱいいるんだよなー。男って追いかけたいタイプが多いんだよね。だから、追いかけすぎると好きになってもらえなかったりする。

好きな人に対しては「何でもする！」って尽くすけど、どうでもいい人にはサバサバしていませんか？　結果、どうでもいい人への態度のほうが男性に好かれやすい、みたいな。それなら、自分の態度を比較して、改善していくしかないよね。好きな人にはLINEもすぐ返すし、いつでも予定空けるし、何ならお金も出す♡　みたいになってない？もしそうなら、ただの都合のいい女になっちゃってますから！「こんなに尽くしてるのに付き合えないのは、見た目が好きな人の好みのタイプじゃないのかも」とか不安になっても、見た目が原因じゃない可能性高いから。「彼の好きな黒髪ロングにしてみよう！」とかじゃなくて、態度と行動を振り返ってみてください。**好きじゃない人にする態度を参考にして彼に接したら、意外とうまくいったりするかも♡**

私のことを好きに
なってくれた人を好きに
なるんじゃなくて、私がめっ
ちゃ好きになった人が私の

ことをめっちゃ
好きになって
欲しいの！

ヤリチン男子いわく「セフレと付き合う意味なし」。付き合いたいなら今から二度とヤルな！！！

ヤリチン男子に聞いたところ、セフレにはとても優しくしているらしい。全部おごるし、駅まで送るし、「好きだよ」「かわいいよ」と言うし、もう彼女じゃんそれ！　っていう振る舞い。そんなことされたら女子は好きになっちゃうけど、彼のほうは付き合う気はありません。「だってヤレてるんだもん最後まで」が残酷な意見なんですよ。そして、「ヤラないと会ってくれないんでしょ」って女子が思いはじめたらもう終わり。それで幸せならいいけど、ほんとは付き合って欲しいでしょ！

ヤリチン男子いわく、セフレの延長線上で付き合うのはほぼ無理。**「何でヤレてるのに、付き合って縛られなきゃいけないの？」がヤリチン男子の心理。**　だから、付き合うには「二度とヤラない」が必要不可欠！　「順番間違えたけど、私は好き。そうじゃないなら会えない」と言ってみよう。　そこで男は「もう会わなくていいや」程度なのか、「縛られてでも会いたい」レベルなのか、ようやく考えはじめるんだよ。

もしかしたら「ご飯に行くくらいならOK」っていう関係になって、そこから付き合えることもあるかもしれない。　とにかく、ずるずるの関係を1回断って、考えてもらわないとはじまんないよ。

好きになって、デートして、告白して、いちばん最後にくるはずものが先に来て、それが価値になってるよね。　彼にとって「一緒にいて楽しい子」じゃなくて、「ヤラせてくれる女」になっちゃってる。その時点で、求めてる関係とは違いますよね？　まず、そこから抜け出そう。

もう、今、送りな。彼にすぐＬＩＮＥ送りな？？　「自分は好きでつらいから、付き合うつもりがないなら会いたくない」って。

自分に自信がないからこそ好きモード全開でいかないと。「私なんか」が想いを伝えずに付き合えるわけがない

「自分に自信がないから、片思いの彼に好きモードでいけない……」それ、私は逆だと思ってます。自信がないからこそ、私は最初から好きモード全開でいく。**かわいさで勝てない私が、他の女の子に勝てるところは、ただひとつ、彼に対する〝好きの量〟！**　そこで差をつけるしかないわけで、それなら最初から好きだっていう態度でいくしかない。かわいい子だったら、照れて笑ってエサまいてるだけで付き合えるかもしれないけど……橋本環奈でもないかぎり「僕のこと好きなの？付き合おっか？」なんて言ってもらえない。そう！　想いをしっかり

伝えないと付き合えない！〝こんな私〟が、想いを伝えないまま付き合えるなんて、絶対にない！　自分に自信がないからこそ、そう思う。

だから私は態度に出しまくって匂わせるし、周りに好きなことがバレちゃうとか、正直どうでもいい！　好きなことを隠していると、他の子と付き合っちゃった！　なんてことも起きるよ。「えー私だって好きだったのに」なんて思っても、もう遅い。だって伝えてないんだもん。しかも、告白せずに失恋すると「もしかして私も頑張ってたらイケてたかもしれない」って、どっちにしろ無理だったかもしれないのに、過信して後悔しちゃう。逆に考えて欲しいんだけど、自分のことを好きな男子がいたとして、そんなこと考えていたらどうする？　そんなの知らなくない？ｗ　**本当はくやしいって思う権利ねえんだよ、頑張ってすらねえんだから。**　伝えてない気持ちなんて、ないのと一緒だよ。「付き合える、付き合えない」という選択肢すら生まれてないの。そう考えたら、せっかく好きなのにもったいなくない？　好きなら、絶対すぐに行動したほうがいい！

告白する勇気は出せなくても、勝ち確だと思わせることはできる。「好きって言ったら付き合える」告白させる空気を全力でつくろ♡

私は自分から告白するのが苦手なタイプなので、全力で告白させる方向に努力します！　女の子から告白するのもかわいいなって思うけど、緊張しちゃってできないもんだよね……。なので、**「全面的に120％大好きなので、振ることは絶対にないですよいつでもどうぞー♡」っていう態度**を見せてまーす✌✌　男子はプライドが高くて、失敗するのを嫌がるから、120％イケる感を出すことが大切です！

具体的な方法は、彼と電話してるときに「なるみんは他の男子と電話なんてしてないよー？　そっちは？」って聞いてみる。「俺もしてないよ」って返ってきたら、「でも、付き合ってないからなるみんだけ特別じゃないもんねー」とか言ってみる。ばくわら。ちょっと軽めのヤキモチを見せてみるのもいいよね。「彼女じゃないからこんなこと言う権利ないけどさあ」とか。「彼女」とか「付き合う」とかのワードを出してちょっと意識させてみる。そして**「あれ？　今、告白チャンスじゃないですか？」っていう空気をあからさまにつくる。**その昔、相手が「会いたい」とか言うくせに、あんまりにもはっきりとした言葉を言ってくれないから、「好きです付き合ってくださいって言いな？」って言っちゃったことがあるw　これは相手も絶対好きだなって、自信があったから言えたんだけどね！

自分から告白できない場合は、告白してもらう方向にシフトチェンジすればいいってこと！　何にもしなくていいってことじゃないよ。告白する勇気は出せなくても、相手を120%安心させるための努力はできるんじゃない？

モテない男推奨派。欠点があったとしても自分を超好きでいてくれて尊敬できる部分があればいい

モテない男子を彼氏にしたい！　だって、モテる男の人は競争率も高いし、本人に浮気する気がなくても「いい男〜」って女の子が寄ってきちゃって、ヤキモチ焼いちゃう。しかもモテる人ってみんなに優しいじゃん？　そういう男は彼氏じゃなくていいんだよね。ただの優しいクラスメイトでいい。私に特別感を与えてくれて、「なるみんだから好き」って言って付き合ってくれる人がいいな。

あと、尊敬できるかどうかも大事。周りの人の評価は関係ないよ。昔好きになった人で、ローマ字で自分の名前が書けないほど頭のよくな

い人がいたの。漢字も書けなくて送り仮名も間違ってる、みたいな。でも、その人に悩みを相談すると貴重な意見をくれたり、嘘を見抜くのが上手だったり、他の人にはない特技がある人だった。誰でも**欠けた部分があるのは当たり前で、その人のすごいところが私にはないものだっていうのがめちゃくちゃ大事なの。**

昔、メンヘラっていう要素がコンプレックスだったんだ。世間で悪く言われがちだし、元カレも重いって言ってたし。でも、「そんなに好きと思ってくれてうれしいよ」って言ってくれた彼氏がいて、その言葉にすごく救われた。苦手なところ、劣ってる部分もたくさんあるけど、見方を変えて「そういうところが好きだよ」って言ってくれる人♡

付き合う前に、確認しておいたほうがいいのは、同性の友達がいるかどうか！　男女どっちも同性から好かれる人は絶対にいい人だよ！異性は下心で寄ってくる人も多いからね。あと、友達の前でどういうノリかも見たほうがいいかな～。絶対そっちが素。あと、店員さんへの態度は、10年後の自分への態度だから、注意して見たいよね。

他の全人類
どうでもいい
って言えるくらい

誰かのこと好きに
なったことある？
私はあるよ

Column 1
なるみん物語

中学時代はモテないうるさいブス。付き合いたくない女子ランキング3位

子どものころ、アイドルになりたいなんて思ったことがなかった。歌うことが好きで、明るいからクラスの一軍女子とは仲がよかったけど、私自身は目立つタイプじゃなかった。興味あるのは、本を読むことやものづくりだったかな。

中学に入っても、アイドルに憧れることはなくて。普通にブスだったしね。修学旅行のときに同じ班だった男子が「お前、付き合いたくない女子3位だよ」ってご丁寧に教えてくれるほどで、ショックだった！　当時私は、メガネをかけてて朝読書でポケモン図鑑を読んでてオタク感満載だったから、男子ウケ悪かったみたい。友達は一軍女子だけど、私はお笑い担当のうるさいブスだったw　かわいくなくて、自分を貫きすぎてて、うるさくて、モテな

いどころか普通に男子から引かれてたなー。面白いブスだから女子からは好かれてたけど。男子にはいじめられてたわけじゃなくて、シンプルに恋愛対象じゃない女って感じ。教えてくれた男子もノリで言ったみたいだけど、「てめえ一生忘れねえからな？^_^」っていう気持ちで生きてます♡　まあ当時から「モテたい」「不特定多数からチヤホヤされたい」って気持ちはなかったけど、それとは関係なくすっごいショックな出来事だった！

私はブスなんだ。男子から好かれてないんだ。って刷り込まれちゃったことが、今の恋愛における自己肯定感の低さにつながったんじゃないかな。子どもって純粋で残酷。「モテないんだから面白いところしか武器ないじゃん！」って、笑いに逃げるようになった。ブスのくせに、女の子女の子した行動しちゃいけないって、自分を制限しはじめちゃった。だから、自分がアイドルになるなんて、1ミリも思わなかったんだよ。

第 2 章

メンヘラは
好きピ中毒♡

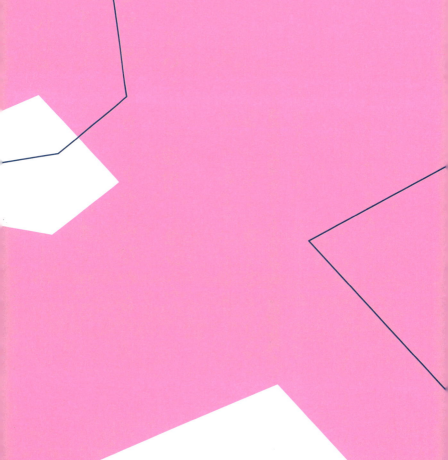

重いって

言わないで???

ただ好きすぎるだけなの

彼氏のフォローフォロワーのフォローフォロワー欄まで見る。鍵なしアカウントなんだから「見ないで」は通用しません♡

掲示板に貼り出されているものを見て、何が悪いんですか？　鍵付きの日記帳を無理やりこじ開けて見てるわけじゃないもん。**誰でも見られる場所に公開されてるんだから、隅から隅までチェックしたって何も問題ないじゃん！**　見られたくねえなら書くなよ鍵かけてフォローもフォロワーもいないところでやってください。だからＳＮＳは見るよ？　見るからね？？　だって出会う前の彼のことも知りたいし。ここまでするのは、愛ゆえだから！

彼女に見られたくないんだったらマジで徹底して欲しい。以前、どのアカウントでも同じようなＩＤを使ってる彼氏がいて、何となく調べたら裏アカが出てきちゃった。しかも鍵付いてなかったんだよね。そのとき、本命が実は他にいて、私のことは「2番目に好き」って言ってるの見ちゃってさ。超ショックだった。鍵かけとけＩＤ工夫しろ！

他の女の子にいいねしてるとか、ＬＩＮＥ返ってこないのにリプで女の子とやり取りしてるとかを知って、嫌な気持ちになるし、それが理由で彼氏とケンカになることもある。それでも、彼氏のフォロー・フォロワー欄、そのフォロー・フォロワー欄まで見るよ？　**趣味アカでめっちゃ女の子と絡んでるとか、そんなの秒で見つけますからね？？**　公開されてるＳＮＳ、つまり誰が見てもいいところでそういうことをするな！　見られて困ることを見えるところに書くなよ。てか見られたくないって感情は何？　何かしらやましいことがあるからでしょ？　それがおかしいだろ！　やましいことがあるんだったらなおさら見るわ！！

この女あやしいって秒でわかるからヤキモチ焼くの！嫉妬が化け物に変わる前に好き好き言って自信を持たせて

女からすると「あ、この女、絶対彼氏のこと好きじゃん狙ってんじゃん」っていうのってわかりません？？？　しかもそれ、彼氏は「いや女友達だから～」とか言っててさ。何でわかんないのバカなの？？？？「女と話すのが嫌」なんじゃなくて「狙ってそうだから嫌」「前にかわいいって言ってたから嫌」なの。何にもない女としゃべってても何も思わねえから。

そういうのを察知しないで**「女としゃべってるだけで怒るヤキモチ焼き」みたいな評価は本質が見えてなさすぎます。**彼氏側のみなさん、ちゃんと考えてくださいね〜。

そもそもヤキモチ焼かない恋愛とかある？　好きだからこそ独占したいし、自分だけに好きって言って欲しいっていう気持ちがわくわけで、「他の女の子と遊びに行っても何とも思わない」っていう恋なんて、なるみんはしたことがありません。好きとヤキモチは比例するのかなって。私は彼に嫉妬されたら「かわいいー♡　うれしいー♡」って思うよ。

本気で嫉妬してるときの自分はマジで化け物みたい。〝嫉妬という化け物〟を育て上げる前に彼氏に言うようにはしてるけど、この嫉妬をなくすために必要なのは、愛されてる自信を持つことだと思う。**彼氏にとって私がいちばんかわいい♡　っていう自信を持てれば、女と連絡取ってるくらい平気**だもん。だから彼氏！「彼女ヤキモチ焼きすぎ」とか言ってる暇があったら、毎日かわいいかわいい大好きって言って、大切にされてるなって思わせて、他の女の子に対してはそうでもない態度をとって、私にだけ優しいところを見せて！　そうしてくれなかったら、私は自分に自信がないから何年経っても病み続けます。

「何してるか写真送って」って言うのは彼氏の顔が見たいだけ♡「〜しないで」以外は束縛じゃないと思いませんか？

「飲み会に行っちゃうのやだなぁ」って言うの、束縛じゃなくない？「飲み会に行っちゃダメ」とか、**相手の行動を制限して初めて束縛です。だから、私は束縛していません！**

だって、言わなかったら私が嫌だと思ってることを知らないままでしょ？　気持ちを伝えるのって悪いことですか？　「察してよ」のほうがはるかにめんどくさくないですか？？　伝えた上で「行きたい」「行かなきゃ」って言われたときに、「私が嫌だから行かないで」なんて禁止したことはないですよ？？？

要はどこまで相手に寄せるかって話だと思う。例えば彼女は四六時中LINEして何をしてるか教えて欲しいタイプ。　彼氏は1日1回くらいしかLINEしないタイプ。　これ、どっちがどっちに合わせてもストレスでしょ。　どこを落とし所にするのかってふたりで深く話し合うしかないの。　譲歩できなくて「私がやだ」「俺がやだ」って主張があるから、束縛につながるんじゃないかなぁ。

あと、「帰る時間連絡してね」って、そんなに難しいことか〜？　社会人だろ〜!?　もしかしたら「このあとワンチャンあるんじゃないか」って期待してるから連絡してこないんじゃないのとか不安なんだよこっちは！　「何してるか写真送ってー」って言うのも、**疑って監視したくて言ってるわけじゃなくて、彼氏の顔が大好きすぎて顔が見たすぎて今現在の髪型とか今何してるか今どんな服着てるのか知りたいから**写真が欲しいの！　純粋に毎日好きな人の顔面拝みたいの。　その日特有の血色悪い感じとか、あっ今日寝癖なおしてないんだ！　とか、さては寝坊したな〜？　とか……。　見たいの！！！　好きすぎるからなの！！！！！

不安に
させてる
おめえらが

悪いんだろうがよ。
愛情表現が
足りてねぇんだよ

急に既読つかなくなる男は何なの？　死んだ？　と思ったら急に「終わったよ〜」って何がだよ事前に報告しろ！

2日とか既読つかない男いるけど、何あれ？　え、何なの？　「忙しくて返せなかった〜」って返せないじゃなくて返さないだけでしょ？　**普通に朝起きてシャワー浴びて、会社行って……っていうその24時間の中で1分すら使って返せないんですか？？？？？**　そういう奴に限って全然忙しくないんだわ。　本当にマジでうぜえ。

「おやすみ」って言わない男も嫌い。　夜11時12時にいきなり既読つかなくなる男。　寝たのかなとも思うけど、もしかしたらお風呂に入ってるだけでまた連絡来るかも……とか思ってたらこっちは眠れないんだもん。もし連絡できるならもったいないから、待っちゃう。でもそのまま、次の日の昼になっても既読つかなくて、「何でだろ？」と思ってたら、やっっと夕方6時くらいに「終わったよ〜」って……何が⁉　何が終わったの⁉　そもそもお前まだおやすんでねえじゃん‼　私の中ではまだ昨日のやり取り終わってませんけど⁉　せめて朝起きたとき「寝落ちしちゃったごめん」くらい送れや‼

いや、寝るなとかすぐLINEを返せとか待たせるなとか言ってるわけじゃないんだよ。「今から仕事行ってくるね」→「終わったよ〜」の12時間なら全然待てるの。○時に連絡するねと言われていれば全然待てます我々は。**何をやっているのか、次の連絡がいつなのかわからない、突然の意味不明な未読で待たされるのが苦痛なんだよ！**　いきなり1時間未読になって「お風呂上がったよ〜」じゃねえよ。それなら私も合わせてお風呂に入ってたわ。私がここからお風呂に入ったらさらに1時間連絡取れないじゃんもったいない！　事後報告をやめろお風呂入る前に言え！

付き合うまでがゴール？
付き合ったくらいで安心すんな。
自分でゴール設定してる奴は
それ以上の景色見れねぇから卍卍

そもそも付き合ったからこそ悲しい別れの可能性が出てくるわけでしょ。どこがゴールなんですか？？？　ゴールとは？？？　結婚すらゴールじゃないからね。強いてゴール設定するなら、同じ墓入るその瞬間だ！！　てかそもそも恋愛にゴールなんてなくない？　**ここまで頑張ったら手を抜いていいとかないですから！　なんだその勝手なルールは！**　付き合ったらもう俺のものとか思ってるかもしれないけど、全然あなたのものじゃありませんよ〜〜。大切にしてくれないあなただったらいらないよ〜〜。

男性の心理として、一度自分のものになると一生それが続くと思い込んで、安心しちゃうんだよね。元カノ全員、ずっと自分のこと好きでずっと自分のものだと思ってる男いるじゃん？　あれと同じ。だから、安心させすぎないことも大切なんだって、メンタリストの人から聞いた。「来月まで会えないかも」って言ってみたりして、「俺も頑張らないと愛想を尽かされちゃうかもな」って思わせて、追わせるしかない。

彼氏のこと「釣った魚にエサやらねえ奴だな」と思ったら、私は自分の行動を振り返る。付き合う前はおしゃれしてデート行ってたのに、1年経ったら家デートですっぴんばっかでドキドキさせてなかったとしたら、自分にも原因があるもん。だらしないでーす時間も守らないお金にもルーズお風呂もめんどくさーい♡　こんな私だけどずっと好きでいてね♡　っていうのは無神経。ずっと好きでいてもらうための努力は必要だよ。付き合っていくうちに「ありがとう」「ごめんね」をちゃんと言わなくなってないかも再確認。**相手が言ってくれなくなったと思ったら、意外と自分も言わなくなってたりするからね。**

彼氏と会えないさみしさは
彼氏の写真見て動画見て
彼氏の服のにおいをかいで
彼氏成分でまぎらわす

かまってくれれば誰でもいいわけじゃないからしんどいんじゃん？「暇な人電話しよー」ってどうでもいい奴と電話したって全然楽しくない！　彼氏じゃない人とたわいないＬＩＮＥしてても全然楽しくない！

彼氏じゃないとダメ！　彼氏じゃない男にかまってもらったところで、彼氏と比べちゃってもっと会いたくなってしんどくなるじゃん。時間のムダ。　さみしさがまぎれることなんてなくて、「あー彼氏と話したかったわ」って余計マイナス。　だからそんなときは、彼氏と出かけたときの写真見ます、動画見ます、そして彼氏のにおいのついた服をかぎ

ます。そうやってさみしさをまぎらわすという技を使っています。てへめろ♡

それでもダメなら他のことに集中する。会えないのは物理的にしょうがないけど、人間だからさみしいという感情を消すことは難しい。だから、趣味とか仕事とかに時間を使って、彼のことを考えないようにするのがいちばん！ **「自分が暇なのに彼氏が忙しい」っていう状況がいちばんさみしいわけで、だったら自分も忙しくするべし。**

といっても、私は週3は会いたいな。どんなに忙しくても、せめて週1は。夜ご飯だけとかでもいいから。月1回しか会えないとか「何これケンカしてたっけ？」「遠距離かな？」って感じ。私、会えば会うほど好きになっちゃうタイプだからか、会わないと逆にどうでもよくなる。さみしさの極限が来たら「あ、いいや」ってなる。それをさ、男は「なるみんが大人になってくれた」とかとらえちゃうんだよ。何言ってんだ？ **こんなめんどくさい女が、めんどくさくなくなっちゃったら、終わりだよ？**

相手が返信
遅いのがくやしいから
自分もわざと遅くして
みても、相手は何とも

思ってないのが
またくやし
いよね。

依存しすぎて彼の負担になる「好きピ100%の世界」はふたりにとって幸せな世界？そのまま一緒にいられる？

彼氏ができると「この人がいない人生なんて考えられない！」ってなっちゃうの、わかるよ、わかる〜〜〜！　毎日電話するとか同じ曜日に会うとかが当たり前になって、それがなくなったらさみしいのも一種の依存だよね。　でも、「本当の好き」と強すぎる依存は違うんじゃないかな？　**彼氏がいないともうダメ私死んじゃう何もできない〜って本当に言葉通り何もできなくなっちゃうのがガチの依存。**　昔は私もそうだった。　でも、「本当の好き」はおたがいが自立してないと成り立たない。　今はそう思えるようになりました。　将来やりたいことがあって、やらなきゃいけないこともあって、その上でプライベートを支えていけるっていう関係がなるみんなにとっての「本当に好き」ってやつです。

彼氏以外の世界がないと、依存へ突き進んでいっちゃう。夢も目標もやりたいこともない友達もいない趣味は彼氏で将来は彼氏と結婚して専業主婦になって好きピ１００％の世界で生きていきたい〜♡♡♡♡

っていう生きかただと、そりゃ依存するよね。一概にいいとか悪いとかは言えないし、それがふたりの幸せならいいと思うけど、例えば彼が「彼女50％仕事50％」で生きていきたい人だったら、そういう男の子にとって１００％の好きは重い……。彼も50％は彼女のことが好きだから、重くても情で別れられなくって、みたいな。そんな好きピ１００％の世界って、幸せな世界ですか？　その依存が幸せな方向に働かないなら、彼氏以外の世界を持とう。彼氏に会えなくてもやることがあり、つらいことがあるときは彼と話し合って**支え合える。そんな関係をつくることが、好きピとずっと幸せでいられる方法だから♡**

DV彼氏は彼女の世界を100％俺にして洗脳する。「会うのが怖い」は好き同士の関係じゃない

DVも依存の一種。悪いほうの。私も昔、ケンカしたら手が出ちゃうようなDV系彼氏と付き合ってたことがあるんだけど、今思えば私も彼に依存してたのかなって思うよ。彼氏の機嫌を損ねないために頑張ってた。恋人って「好きだから付き合う」シンプルな関係のはずなのに、付き合ってるのがつらい、会うのが怖いっていう状況だった。

DVする男は、彼女の世界を100％俺で独占して洗脳する。私も「男の子と物の貸し借りをしただけで殴って怒鳴る」「そもそも男と話すのは一切禁止」「彼氏の話を友達や親にするのもダメ」って言われ

て、守ってた。孤立させて、周りに相談させない環境をつくるんだよ。同時に「お前ほんとダメな人間だね」「どんなふうに育てられたらそうなるの？」といったふうに、自己肯定感を下げてくる。世界が狭まり、自己評価が下がると「こんなダメな自分と一緒にいてくれるのは彼しかいない」って思い込んで抜け出せなくなる。彼に「バイト休め」って言われたときも「他の人に迷惑かかるので行かせてください」って泣いてお願いしたりして。今思えば変な話だけど、洗脳されていると気付けないんだよ！

「彼氏の機嫌を取るために頑張ってる」「彼氏に会うのが怖い」と思うことって変。そういうときは、ひとりで解決しようとしないで。彼氏に話すのダメって言われてたとしても、誰かに話そう。「それはなるみんが悪いっしょ～」って反応だったら、「そっかぁ」って思えばいいだけ。洗脳された状態でひとりで考えてもループだよ。好きだから付き合ってるはずなのに、「会うのが苦痛」「なのに別れられない」っていうのは、好きで好きでたまらないシンプルな関係じゃないよ。

メンヘラ彼女に効くのはうざがられるほどの愛情表現。メンヘラ側もわがまま放題なら自分の愛の軽さを自覚しろ

「彼女がメンヘラだ」って言う男子！　ちゃんと愛情表現してる？**「もういいようざいから」っていうくらい好きって言ってあげてる？**安心させてあげないから、不安になっちゃうんじゃないの？　やってもやっても直らないときだけ「彼女がメンヘラ」って言ってください。もっと言うと、「俺ってメンヘラホイホイなんだよね」って言ってる男子はアホ丸出し♡　女のせいにする頭の悪さを披露してるおバカちゃん♡自分がしっかりしてたら、毎回彼女がメンヘラなわけないでしょ。お前がメンヘラにさせてんだろ。　原因はお前にあるぞ。

とはいえ、メンヘラ側にも思いやりが必要だよね。彼氏だってメンヘラの言うことを全部聞いて満たしてあげる必要はない。10分に1回連絡するとか無理だもん。「ここまでだったらできる」「がまんできる」っていう落とし所を話し合って見つけなきゃ。「頻繁に連絡するのは無理だけど〇時にならら連絡できるよ」って彼が言ってくれたら、メンヘラも受け入れる。それができないなら、あなたは彼じゃなくて「連絡取れる男」が好きなんだろうなって、私は思っちゃう。かまってくれる男が好きなんだなって。じゃあそういう男と付き合えばいいじゃん。でも違うんですよね？　その人だから好きで付き合いたいんですよね？　その人じゃないとダメなんですよね？　なのになぜ、自分の条件に相手を合わせようとするのか。「連絡してくれなきゃ別れる」って軽々しく出る時点で、自分の気持ちの軽さを自覚したほうがいいと思う。その人しか無理なくらい好きでメンヘラ化してるんだったら、彼の事情も受け入れられるはず。

一度メンヘラと付き合ったら
普通の人とは付き合えないよ
全然束縛されない
嫉妬されない、
俺に興味ない？本当に

好き？　浮気してる？
束縛されないことに不安を覚え、
普通の女の子じゃ
物足りなくなって
結果メンヘラに戻る

彼氏におごってもらったら彼氏のデート代が2倍。それなら自分で出して2回デートするほうがよくない？

なるみんは割り勘派です。なぜなら、毎回毎回彼が払ってくれてたら、彼にデート代が2倍かかる。そしたら「今月お金ないからなるみんと遊ぶのやめとこうかな」って思っちゃうかもしれないでしょ？それってもったいなくない？　だったら、自分の食べた分は払って、2回一緒にいられたほうがいいよね♡　だから絶対、割り勘。おごられるの苦手だし、おごり続けてもいいように使われちゃうし。自分の意志で会いたくて会ってるんだから、それぞれが払うのがいいと思います。

それに、おごってあげるって言われても素直に甘えられないんだよな。よく言うじゃないですか、「えー♡　いくらですかあ♡」って言うけど払う気ない女、男からするとバレてるよって。あれが頭をよぎっちゃって、スマートに「ごちそうさまです♡」ができない。相手が圧倒的に年上とかあからさまに稼いでるとかならまだわかるけど、彼氏にどうやって……。

おごってもらう派の人も、おごってもらえるのは当たり前じゃないっていう意識はあったほうがいいと思います。昔、彼氏とのデート代を全部払ってたことがあるんだけど、その彼に「男が払うのが当たり前って考えかた嫌いなんだよね。稼いでるほうが払えばいいじゃん」って言われたことがあって。そのときは絶賛洗脳されてたから気付かなかったけど、今思えば、おごってもらう側が言うことか⁉⁉　**カップルによって収入事情はあるし、おごりおごられがあるだろうけど、当たり前みたいな態度を取られると気分が悪いです！**　だからちゃんと「ありがとう」を言うことは、絶対に大事だと思うよ。

倦怠期って何？
こちとら倦怠期とかないですけど？
毎日毎秒どんどん
好きになっちゃうんですけど？

私、倦怠期らしい倦怠期って感じたことないかも……。慣れが出てもはやおたがい好きなのかわからなくて中だるみ、みたいなことはない。付き合ったときより今日のほうが好き、今日より明日のほうが好きというタイプなので、一生右肩上がりです♡

倦怠期は、一緒にいることが当たり前になるから来るんだよね。**思い出してみんな！ 好きな人が自分を好きでいてくれることが、そもそも非日常なの！** 今も彼と一緒にいるのは奇跡ですよ。だってあなた片思いしてましたよね？ あんなにＬＩＮＥ来るだけでうれしくて、でも「私のこと好きかわかんないなーどうしよう」と思ってたでしょ？　それを今は「LINE来ねえうぜえ！」って。ぜいたくもの！　付き合う前はそんなこと思う権利すらなかったんだよ！「えっ好きって言ってくれたやったー♡」でお付き合いスタートしたことが奇跡だったよね？　失恋しちゃう子もたくさんいる中で付き合って何年も一緒にいられるのってすごいんだから、その当たり前に感謝して！　好きなだけで十分うれしい時期もあったのに、なぜ当たり前の感謝を忘れるんだ。倦怠期とはそうやって起こるんだよねきっと。悲しくなっちゃう。

長く一緒にいることで生まれる心地よい安定感は大事なんだけど、遠慮がない関係になるのは違う。慣れてきたからブスって言っちゃうみたいな関係は、私は避けたい。「大切にしてるよ」「ステキだと思ってるよ」っていうのを伝え合って、ずっと一緒にいたいと思える心地いい関係をつくることが、倦怠期をなくす方法じゃないかな。親しき仲にも礼儀あり。何年経ってもね。

彼氏以外の男をカッコいいと思ったこと一度もねえんだよ。死ぬほど好きでいるために彼氏選びは妥協するな

フィーリングで第一印象からどタイプの男子、自分にとってベストの男子としか付き合わない上に、一緒にいればいるほど好きなところを見つけて、好きって言われたらさらに好きになるから、常に「彼氏がいちばん大好きいちばんカッコいい♡」状態。彼氏がどタイプすぎて、山﨑賢人ですらカッコいいかよくわからない……。顔も好きで、中身も好きで、好きって言ってくれて、毎秒好きが加速していく彼氏に、たかだか少し顔がいい程度の男が勝てるわけがない。圧倒的。はじめましての男なんて彼氏の足元にも及ばねえ。マジで興味なし！

死ぬほど好きな彼氏をずっと死ぬほど好きでいるには、「彼氏選びを妥協しないこと」が大事だと思います。今ある選択肢の中でいちばん好きな人と付き合ったら、他の人のこと「カッコいい♡」なんて思う余地なんてない。もちろん一緒に過ごしている中で彼氏の嫌なところや合わないところが見つかることもあります。でも、それを越えても付き合いたいと思うのが好きな人だし、足が臭いとかゴミをそのへんに捨てちゃうとかも、好きだから許しちゃう。乗り越えられないマジで無理って問題なら冷めてお別れだし。そもそも、嫌なところはともかく、「合わない」って悪いことじゃないんだよね。私も昔は、趣味や食べ物の好みが合う人と付き合うほうが幸せだと思ってた。でも、昔付き合ってた彼氏とご飯を食べてたときに**「いいじゃん、嫌いなものが違うほうが、嫌いなものを食べてあげられるんだよ」**って言われて考えが変わったの。ないものを補い合って、支え合って、パズルのピースをはめるみたいに付き合うことができるんだよ。そんなの、「好き」がまた加速しちゃうじゃん♡

メンヘラはただの彼氏大好きマン。「他の女子と仲良くしないで」って恋する純粋な気持ちを素直に出していこ

メンヘラ女子は恋愛対象として重いって言われがちだけど、恋する女の子がみんな持ってる要素。重くなっちゃうのは、**大好きだからこそ、ヤキモチ焼いちゃうんだよ悲しくなっちゃうんだよっていうことを発信してるだけ。**少女のように気持ちが純粋でひとりの人を一途に想ってるだけなの。

大人になると「大人だからヤキモチ焼いちゃダメだ」とか抑制しちゃうけど、好きな人が他の女の子と仲良くするのが嫌って気持ちは、誰にだってあるよ。たまに、「嫌って思わないように」「思っちゃわないよ

うに」って言い聞かせて、頑張ってヤキモチを焼かないようにしてる人も多いよね。子どものときはみんなわがまま言えてたはずなのに、いつからか「世間から白い目で見られるから」「重いって思われたくないから」って自分の気持ちを抑えこんじゃう。でもメンヘラは、純粋な心で正直な気持ちをぶつけてるだけ。私達はいくつになっても女の子。年齢なんてただの記号だから関係ない。何歳になってもヤキモチ焼いていいじゃん！　私は焼き続けます！

自分から彼氏に「メンヘラなんだ」って伝えるのは気が引けるよね。**彼氏に間接的に伝えるいい方法があるんですよ。それは私、シイナナルミのツイートをRTすることです！**　これめちゃくちゃ言われるんだけど、RTでアピールして彼氏に察してもらってるフォロワーさん、けっこういるんですｗ　この本の中に「お前のことだぞ」ってページを見つけたらSNSにUPしてみて♡　伝えるツールとして、シイナナルミのツイートはマジで使えます♡

最終的には
好きピを
産んでくれた

お母さんの
産道に感謝。
ありがとう

Column 2
なるみん物語

貯めたお金で高校デビュー。モデルに憧れたけどアイドルになった

高校入学が私の転機。貯めてたお金でメガネからコンタクトにして高校デビュー。メイクとファッションをかなり試行錯誤して変えた。そしたら先輩から「あの子かわいくない？」って言われるようになった。中身に至っては何にも変わってなかったのに、髪の毛伸ばしたとかメイクを覚えたとかその程度見た目が変わるだけでこんなに人の評価って変わるんだ⁉⁉ってびっくりした。

私、卒アル持ってくる奴が動画1本撮れるくらい嫌いなんだけど、もちろんやられた。同じ中学の男子に「こいつ全然顔違くね？」って顔の横に卒アル掲げられたんだよ！　でもすでに女子の間に〝なるみんネットワーク〟を築き上げてたから、「卒アル持ってくる奴最悪じゃね？」って女子達に問いかけた。そいつは高校で

彼女ができることはありませんでしたw　中学生のころは「付き合いたくない女子3位だよ」って言われてもショックを受けるだけだったけど、自分に自信がついたから、仕返しできるようになったんだ。　この頃から男への「うぜえな」っていう今のなるみん節はできつつあったかもしれないw

そして高2。　世の中では読モがめっちゃ流行ってて、「私もモデルになりたい！」って夢見た。　きびしかった親に内緒で、友達の紹介で養成所に入って、ありとあらゆるオーディションを受けまくって、そのひとつのアイドルに受かった。　最初は、モデルになる下積みのつもりでアイドルになったんだ。　それが、高2の2月。　本格的な芸能活動のはじまりだった。　もちろん、親にはまだ内緒。放課後こっそり、アイドル活動をはじめたんだ。

第 3 章

メンヘラ
VS
その他の女

自己肯定感低すぎて
嫉妬してるときの自分マジで
化け物みたい

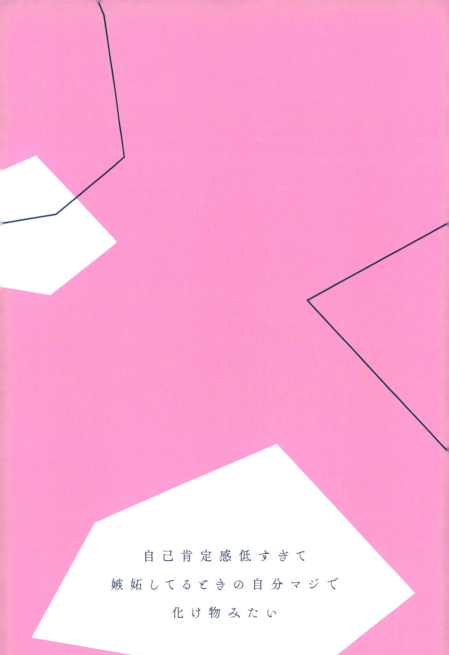

性格悪いのは重々承知で元カノの悪口聞くの大好き♡♡♡「元カノよりかわいい」って比較してホメて欲しい♡♡♡

できれば童貞と付き合いたいくらい、元カノの存在を気にしちゃう。付き合ったことがあったとしても元カノがめっちゃ嫌い。むしろゴミ。って言う人がいい〜♡♡　Ｔｗｉｔｔｅｒとかでよく、「別れた女の悪口言うのは株が下がるからやめろ」っていうツイート見るけど、マジで言ってる？　「元カノいい女だったよ」って言われてうれしいですか？　私が嫉妬する余地ないほどボロカスに叩いて欲しいし、**世間的にいい男でいてくれなくていいから、私を安心させてください。**　器小さいって思われるかもしれないけど、元カノをホメられるより全然マシ！

とか言いつつ私は「元カノってどんな人だった？」って聞く。それは「全然好きじゃなかったよ」っていうのを求めてるの。バカ正直に「ショートカットだった」とか「料理がうまかったよ」とか、聞いてねえしそんなこと。見た目とか特技とかは、勝手にSNSで調べっから。今どう思ってるとか当時どう思ってたかとか感情の話をしろ。嘘でもいいから「全然かわいくなかったよ」「好きじゃなかったよ」と言え。

いちばん正しい答えは「お前のほうが好きだよ」だからな！　絶対に元カノをホメるな！　元カノのプラス情報を与えてくるな！

聞いてもいないのに元カノを匂わせてくる男も嫌。1ミリも匂わせて欲しくない。初めて行ったデートスポットなのにやけに詳しくて、「女子ってこういうの好きだよな」って言ってきたり。どちらの女の子の話ですか？　元カノですよね？　付き合ってる日数が元カノを越えたとしても付き合ってた事実は変わらないし、極力考えたくないんだよ！

浮気相手の半分くらいは元カレ元カノ。データがあんだよ連絡取ってんじゃねえ

元カノと連絡取ってるとかマジで論外。想像しただけで絶対に嫌。別れた人と友達になるっていう価値観が私の中になくて、理解できないから嫌。

だってどんなに「幼なじみだから」とか言われても、結局元カノは元カノじゃん。**別れたけど友達って、「別れる」が行われてる時点で友達じゃねえから。**1回好きになって付き合った人なんだから、友達のカテゴリーでは絶対にない。私自身、元カレと友達になることが絶対ない。別れたら連絡先をブロックするどころか、ＬＩＮＥのアカウン

トごとつくり直してるよ、毎回。写真とかも全部消すし、もらったものも全部捨てる。それくらい徹底してますから。**浮気相手って、90%が前からの知り合いで、さらにその50~60%が元カレ元カノ**っていうデータを見たことがある。だから嫌って言ってんだよ!! 昔付き合ってた相手だから心も許してるし、今何もなくても他の女の子より決定的に距離が近いの！　だからこんなに大声で嫌だと言ってるんだよ我々は！　元カノに恋愛相談してる男とか絶対許さないからね♡♡♡　意地悪で言ってるわけじゃないんだよ。私の知らない過去を知ってるっていうだけで嫌なのに、さらにあなたのことが好きだったという過去もあって、何とも思わないと思います？　悪気がなかったらいいわけじゃねえぞ？　悪気がなかったら万引してもいいのか？？

連絡してくる元カノも元カノだわ。いつまでも自分の男だと思ってんなよ。「お誕生日おめでとう♡」って年1回の誕生日なら連絡取っても許されると思ってる女！　許さねえかんな？？

元カノに未練があるなら一生片思いしてろ。今カノの気持ちを利用するような男だから振られんだよバーカ

さらに罪深いのは元カノを引きずりながら新しい彼女と付き合う男。いい感じになったから付き合っちゃった〜とか、新しい恋で忘れるために〜とか言い訳してますけど、**元カノを忘れるために、誰かの好きって気持ちを利用すんなよ。元カノに一生片思いしとけよ。**今カノは100％好きって気持ちで付き合おうとしてくれてるのに、そういうとこだよそういうとこ！　だから元カノに振られたんだよバーカ。新しい恋をすることと、付き合うのは全く違う。相手の気持ちも関係するでしょ。自分を純粋に好きって言ってくれる人の気持ちは考えない

の？　って思う。「忘れさせてあげるよ」とか「忘れられなくていいから付き合ってよ」って女の子が言ってるならいいけど、あとで知っちゃったパターンはほんとに傷つくんですよ……。お願いだからやめて……。

こんなに好きになる前に振られたほうがよかったなって気持ちになることもあるんだよ。絶対にいつかその子を好きになれるならいいけど、わかんないでしょ？　なれなかったら彼女を傷つけるしマジでメリットないから。忘れられないなら誰とも付き合うな。自分の彼氏に未練がある元カノもキツいね。「元カレがまだ好きで、彼女がいるって知ってるけど連絡しちゃう」っていう元カノ側からの相談もよく聞くよ。**好きでいることはいいと思うし消せなくてもしょうがないけど、行動に移さないほうがいいと思う。**彼女と別れちゃったときに、話を聞いてあげるならいいと思うんですけど、自分が忘れられないからって彼に連絡するのは、よくないかなって。でも、私が元カレに未練がないタイプだからそう思うのかもしれない。難しい問題だな……。

越えてけ、
元カノの

屍卍

他の女に好かれてんじゃねえ。優しくしたから好かれてんだよ。周りの女全員にノロケて「無理だな」って思わせろよ

彼氏に気がありそうな女は本当にタチが悪い。この女あやしい、と思ったら絶対何かあるんだよな〜。私はめちゃくちゃ勘ぐりますよ、その女を。彼は「ただの友達だよ」「俺のことなんか好きじゃないよ」って言うけど、それを判断するのはお前じゃないんだよ！！！　てかアピられてんじゃん実際告られてんじゃん！　ってことある。何なんだろう。女がうまくやってんのかな。それとも彼氏がバカなのかな。

そういう危険を察知したら、**彼氏大好きマンの私は「こんなに優しくてこんなカッコいいんだから他の女の子も絶対好きになるじゃ**

ん！」と伝えます。　だって本当にそう思ってるもん。疑ってケンカになるよりは、大好きすぎるっていう気持ちを伝えていくほうが平和だもん。しつこく疑って「うわめんどくせえ」ってなって、その女に彼氏がなびいちゃうみたいな展開はこっちも求めてないので。

とにかく、そんな彼氏に伝えたいのは「他の女に好かれてんじゃねえよ」ってこと。特に私と付き合ったあとに出会った女とは、親しい仲になるんじゃねえよ。何にもしてないのに好かれることなんて基本的にないんだよ。優しくすんな距離感間違えてんじゃねえ。「彼女がいるけど好きな人」になるな。

何なら周りの女全員に彼女とのノロケ話をして欲しい。周りの女にめちゃくちゃ今カノの話をして、「この人は彼女が大好きだから無理だな」って思わせて欲しい。「彼女がめっちゃかわいくてさ〜♡」って言ってる男を狙う女はほとんどいない！　スキを見せるな！　イケるって思わせる男のほうも悪いからな。

やましさゼロの女友達でも相手によっては嫌。露出高い、情報ゼロ、マウント系、かわいい女は全員嫌だ〜！

「間違いなく友達」っていう彼の周りにいる女子でも、タイプによっては嫌だ〜〜〜！！！　ボーイッシュな女の子ならいいけど、露出した服着てる女は危険。女出しちゃってんじゃん！　あと、全く情報がない女の子も嫌。彼の話に急に登場する女の子がいると、いきなりどうした？　誰？　って感じになる。知り合ったの最近じゃん！　**1年やそこらしか友達期間がないなら、恋愛に発展する可能性あるかんね？**

彼が前もってその人のことを説明しているかどうかって、かなり大きい。……あと、すいませんごめんなさい本音で話すと、その子の顔がかわいいかどうかも関係しています。かわいいと言うか、彼の好みじゃなさそうだと大丈夫かなって安心しちゃう。本当にごめんなさい……。人間なので……。

マウント取ってくる女はどんな女でもムカつく。「こいつ（彼氏）短気なところもあるから大変でしょ〜？」とか、自分のほうが仲いいアピールしてくる女！　うるせえ黙れ。そして「うちらホテルとか行っても全然何にもないからぁ〜」とか言う女！　そんな例え話をするな無神経！　てかホテルに行くな！　こっちから見たら女丸出しだから！

でもいちばん腹立つのは、そういう女友達と会って、「いい気分じゃなかったな」って伝えたときに、女友達に寄りそう彼氏だよ。「あいつ口は悪いけどいい奴なんだよ！」じゃねえよ。悪気があろうがなかろうが私は傷ついたんだから、私に寄りそえ。ていうかその場で「彼女にそんなこと言うな」「失礼だろ」って言うくらいの気概は見せて欲しい。私の味方になってくれないと、もっと不安になっちゃうじゃん。

彼氏にちょっかい出す女友達の前では「全然平気ですけど何？」って顔してやるのが正解

自分の彼氏とか好きな人に、ちょっかいかける女友達っているよね。彼の友達じゃなくて、自分の女友達。あれって何なの？「協力するよ〜」とか言って接近したりさ。隣の芝生は青いじゃないけど、人のものがよく見えちゃう子ってマジでいる。そんなことしたら友達からよく思われないってわかりきってんじゃん！友達でいることよりもかわいいと思われて承認欲求を満たしたいんじゃないのかな。彼女という比較対象より上に見せて自分に価値を感じるみたいな。**こういうタイプの女は一生セカンド。もし略奪しても、人のものじゃなくなっ**

たとたん興味がなくなるから、一生幸せになれない！　誰かのものだから輝いて見えるって、マジで不幸ルートだと思う。

これはなるみんの持論なんですけど、こういう女には「彼に近づかないで」なんて絶対言わない。その理由ひとつめ。「私の彼氏に話しかけないで」って言う権利は彼女にないと思ってるから。彼氏は私の所有物じゃないし。まぁ、彼氏は付き合ってる時点で「なるみんが好き♡」っていう前提だから、ちょっとくらいは何か言わせて欲しいけど。

そしてふたつめ。**くやしがったらそいつの思うツボ！　死んでも言いたくないですね。**　こういう女の前では。「全然何も気にしてませんよ」って顔をしてやりたい。それに、もし好きな人や彼氏がその子のことを好きになっちゃったとしたら、そいつはそういう男じゃん？　大したことない男だったんだろうなって思わない？　むしろそれに気付かせてくれてありがとー！　っていうところに落とし込んで、めちゃめちゃ平気な顔してやるわ！！！

「誰にでも
優しい」が
ときに誰かを
傷つけてんのに

それが何でわか
らないの？

浮気疑惑があっても「信じたい」って思うなら信じる。「別れたほうがいい？」って思うなら別れる

「彼氏が浮気してるかもしれない。彼は否定しているけど、信じてもいいいですか？」こういう質問がたまに来るけど、もうこれって答えが出てるんだよね。**信じたいんでしょ？　じゃあ、決定的な証拠が出るまでは信じていればいい。**周りから浮気してるかもよって言われても、自分の気持ちに従えばいいと思う。もう無理だって思ったら別れればいいいんだし、好きになった人を信じたいのは当たり前だよね。

あきらかに様子がおかしいと思っても、状況証拠が出そろっても、付き合っていたいなら、それでいいじゃん。そういう相談って、求めて

いる答えは大体わかる。「信じていいと思う?」って聞く子は信じなよって言ってもらいたいし、「別れたほうがいいと思う?」って聞く子は別れるように背中を押して欲しい。だから、自分が思ったまんま動けばいいんじゃないかな?

浮気が気になる場合、彼氏が浮気してない可能性が高くても正直に聞いてみていいと思う。嫉妬はほっとくと化け物になるから。**疑心暗鬼はその都度解決していけばなくなるけど、積み重なると、電話に出なかっただけで「やっぱり浮気してるんだ」って疑っちゃう。**だからモヤモヤした時点で確認したほうが、彼氏にとってもいいよ。溜めて溜めて爆発したら、男の子は「何で今さらそんなことまで掘り返して怒ってるの?」ってなる。ただし「浮気してるの?」って聞くのはNG。最初からあきらかに疑ってる感じで聞くと、誰だって嫌な気持ちになるよね。たとえば「ご飯何食べたー?」って聞いて、そこから探っていくとか。ただ、浮気してる奴って聞いただけで大体怒るからわかりやすいけどね!

クズ彼氏とは好きでも別れる！スパッと別れを告げてゆっくり嫌いになっていこ

クズな彼氏だけど嫌いになれないい⁉　なら嫌いにならなくてもいいんじゃない？　だってなれないんだもーん。でも、「お金にだらしない」とか「自分の家族の悪口を言ってくる」とか、さすがにクズすぎていっそ嫌いになりたいっていう人、けっこう多いと思う。〝恋は盲目〟が徐々にそのクズさに気付きはじめてる、みたいな状態？

いい方法を教えます。それは、紙に書き出すこと！　**付き合い続けること&別れたときのメリットデメリットを書き出して、客観的に見てみると整理されるよ✌✌**

まず彼氏と付き合うメリット「楽しい」

「好き」、デメリット「お金にだらしない」「友達の悪口を言われる」。そして別れるメリット「解放される」「お金を貸さなくていい」、デメリット「さみしい」「好きだからつらい」。比較してみて総合的に考えたら、「さみしさは新しい彼氏ができたらなくなるよね」とか、別れるデメリットの少なさに気付くことができるかも。

すぐ別れちゃうっていう手もある。「嫌いになる」→「別れる」って思いがちだけど、別れてから嫌いになるって手もある。付き合ってると「こういうところは好きなんだよな」とか情が出て、どうしても嫌いになれないし。それなら嫌いになる前に振る。**そのときは、直接会って別れないこと。LINEとかでいい。**サクッと別れを伝えて、いっそブロックして、ゆっくり嫌いになるなり忘れるなりするほうがダラダラしなくて済む。**会うことは別れのノイズにしかならない。**だってまだ好きなんだもん。会ったら100％別れられないと思って挑んでください！　好きなままLINEで別れてしまえば、そのうち「あーもう全然好きじゃねえや」って気持ちに変化するはず。

「AV観て欲しくない」問題。無理だってわかってるよ？でも「お前にしか興奮しない」って嘘でもいいから言ってよ

私の場合、彼氏のオタクであり、推しは彼氏だけであり、「彼氏だけがかわいい〜♡　好き〜♡」となり、他の男は芸能人であっても彼の足元にも及ばない。だから、彼氏も女の子に対する「かわいい♡」の気持ちを、彼女以外に向けないで欲しい！　私以外の女に時間を奪われないで欲しいから、かわいい女の子の写真とか検索しないで〜！

究極、彼氏にはAVを観ないで欲しい。もうAVっていうだけで嫌。

何で私以外に性欲わいちゃってんの？　私じゃダメなんですか？
何かご不満ですか？

というお気持ちになります。みたいなこと

Twitterで言っていると、「てめえが満足させてねえからだろ」とかいうクソリプおじさんがわらわら来る。「彼氏に」AV観て欲しくねえっつってるだけなのにお前は誰だよ。「じゃあお前はいつでも抜いてくれんの?」って、そんな思いやりのないこと言う男の彼女になりたい人はいませんので。したがってお前にAV観て欲しくないと思う女もいません。どうぞ、たっぷりAVを観ながら残りの余生を楽しくお過ごしください♡

というか！　観ないで欲しいって言いながら無理だってこともわかってるんだよ。ただ、**「お前以外興味ないよ」「観てないよ」って彼女への配慮と思いやりを持って言って欲しいだけ。**　そして、AV観てる事実を私にバレないようにして。検索履歴とかも消して、完璧に隠して。「男は出さないと体に悪いから〜」みたいな医学的な話なんてこれっぽっちも興味ありません。男の生態の話してんじゃねえんだよ嘘でいいから「お前だけだよ」って言って。この話題の本質は「観るか観ないか」じゃなくて「隠すか隠さないか」なんだから！

好きな人が
あたし以外の女を
かわいいって
思うの死ぬほど

やだ〜〜
！！！！

ヤキモチ焼きの彼には100回でも200回でもちゃんと説明して安心してもらいますけど

ヤキモチを焼くのは人の感情だから、やめてよって言ってもやめられないものだよね。だからもし、彼がヤキモチを焼いて不機嫌になったら、**仕事とかで連絡が必要な相手だったら説明するし、可能なら会わせるまでします！** 見たことない知らない相手だから嫌！ってことない？ 私も会ったことない女だったらどういう関係なの？ どれくらい仲いいの距離感どんな感じなの？ ってモヤモヤしちゃう。でも「彼女も連れてきなよー」って言ってくれる関係だったら、「何にもなさそうだな」って思えるし、紹介してもらえるのは単純にうれしいし。

何回言ってもヤキモチを焼き続ける彼氏でも平気。だってその気持ちわかるもん。この人誰？　どういう関係なの？　どこで出会った人なの？　何時に帰ってくるの？　同じこと何回聞かれても、誠意を持って何回でも答える。過度にしつこく聞かれたら、そりゃめんどくさいって思うけど、「何回も聞かないで！」って怒るくらいなら行かないほうを選ぶかな〜。好きだから言ってくれてるのにかわいそうじゃん。**そんなに彼がヤキモチ焼くような場に行きたいなら、めんどくさいくらい頑張れよ**って思っちゃう。でもこの感覚って人それぞれだから難しいよね。「私はあんたが同窓会行くの気にしないから私も行っていいでしょ」ってタイプだとしたら、根本的な考え方がずれてるから折り合いつかない。感覚が似てる人と付き合ったほうがいいかもね。

不安になるのって、昔彼女に裏切られた経験があるからだったりする。だから、不安がなくなるまで話を聞いてあげて「私は大丈夫だよ」「味方だよ」って自分の気持ちを伝えるのを大事にしてます♡

無意味に浮気を疑う男は自分にやましいことがある。今すぐSNSを監視していいね欄から使う絵文字まで見ろ

あまりにも浮気を疑ってくる男って逆に浮気してる場合あるからね。「そんな不安になるくらいあたしのこと好きなの〜？　かわいい〜♡」とか言ってる場合じゃねえ、今すぐに彼氏のSNSをすべて監視しろ。

自分がやってるから、細かいことを浮気に結びつけちゃってる男、よくいます。　だから疑ってきたら、彼の浮気を疑ったほうがいい。私だったらすぐさまSNSに貼り付いて、あやしいと思ったらすぐ聞く！

SNSは見ていいものだからw　ケータイじゃないから。　よーく見れば、あやしいポイントなんて秒で見つけられるんだぞこっちは！

「彼、最近この絵文字よく使うな」と思ったら、Twitterでその絵文字使う女とめっちゃやりとりしてたり。「いや、感染《うつ》っとーやん」って。リプでの呼び名が突然○○さんから○○くんになってたり。「いや、絶対遊んどーやん」って。自分がやましいから疑うパターンってある。もちろん、自分が彼を不安にさせるような行動をしてない場合ね。それなりに遊んでないと呼び方が変わることなんかないし、お察しって感じ。「今までそんな趣味じゃなかったよね？」っていう服を着てたり、急に香水が変わったりすることも多いから、わかりやすく。

でも、何にもしてないのに疑われるのは悲しいよね。だから私は「疑われるの悲しいよ」ってちゃんと伝えます。**「浮気していないのにうざい！」じゃなくて、「あなたに信じてもらえないのが悲しい」って。**それでも、あまりに浮気を疑われたら「じゃあGPSつけるー？」って言う。私はどこで何をしてるとか把握されても嫌じゃないタイプだし。何か事件に巻き込まれたとき、助けてもらえるかもしれないしw

「ありがとう」「ごめんなさい」を意識的に伝える。不満は小さいうちにふざけて言う。これが長続きの秘訣です♡

人って、一緒にいる時間が長いと「ありがとう」「ごめんなさい」を言わなくなっちゃうんだよね。逆に、「こうしてくれない」っていう愚痴ばっかり口にするようになる。だからこそ「ありがとう」「ごめんなさい」を意識するだけでふたりの関係はよくなる。**一緒にいるのが当たり前になるのは、自然なことだけど、その〝当たり前〟を大切にできるかできないかで、ふたりの関係は変わってくる。**

不満ばっかり言う人と一緒にいても楽しくないでしょ？ だから、不満を感じたときは「相手が対処してくれない」ってイライラして口に出すんじゃなくて、相談しながら、「当たり前の時間」をふたりで努力して大切にするほうがいいと思う！

　あと、自分の気持ちを常に伝えることも長続きの秘訣だと思うなー。好きって思ったときは好きって伝える。嫌って思ったことは嫌って伝える。マイナスの気持ちだとしても、伝えることは絶対に大事！　**「自分ばかりがまんしてる」って思っちゃうのは、不満を伝えてないことが大きな原因じゃない？　相手から不満が出たときに「私だっていつもがまんしてるんですけどね」って気持ちになるもん。**　でもさ、ストレスってがまんしてもなくならないじゃん。溜まるだけ。だから「私ががまんすれば上手くいくし」って考えは、最終的にうまくいかないんだよね。不満は小さいうちに、「今のちょっとうざい〜！」って軽くふざけて言って、「はーい♡　仲直りしよーね♡　大好きだよー♡」って解決するの！　早めに伝えればその程度で済む問題でも、溜まると大きくなって、別れの原因になっちゃうからね。

自分の悪いとこ
自分がいちばん
わかってるから
ちゃんと自分で

反省会する、だから
自分の代わりに
自分のこと認めて
くれる存在が欲しい

Column 3
なるみん物語

学校もアイドルも中途半端になって高3の夏、中退した

親がすごく厳しくて、「芸能人になりたい」なんて言ったら確実に怒られるし反対されるような家だった。だからアイドルしているのは内緒だったんだけど、けっこうすぐバレた。部活もバイトもしてないのに帰りが遅いことを不審に思われて、「いかがわしいことでもしてるんじゃないの?」「一体何をやってるんだ!」とたびたび詰められて「アイドル!」って自白しちゃったw　親の許可なくやったことで怒られたけど、私の主張は「デビューしちゃったからやめるなんてできない」で平行線。結局親が折れて、「高校はちゃんと卒業する」を落とし所にした。全く応援はしてもらえなかったけどね。

でもそのとき高校には居場所がなかったんだ。芸能活動するか

らって理由で一方的に彼氏と別れちゃって。友達から、「あいつ自分勝手じゃん」って裏で陰口言われてた。それで高校の人間関係がめんどくさくなって、殻に閉じこもるようになった。

そして高3の夏、卒業まであと少しのところで中退した。その頃の私は言い訳ばかりして、どっちも中途半端にしてた。だから親に「芸能活動と高校、どっちか選べ」って言われていた。仕事の現場では「私は高校に通ってるから」って学校のせいにして踊りを覚えてこない、学校では「私は仕事してるから」って遅刻したり補習に行かなかったりして。親はもちろん、高校を選ばせたかったんだと思う。「うまくいくかわからない芸能活動を選んだら、絶対後悔する」とまで言われた。でも「うまくいくかなんて自分で決める！」ってやめちゃった。高校の友達も「そんなに売れてもないのに学校までやめちゃうんだ」「あいつ人生終わったな」みたいな反応だった。絶対に見返してやる。そう決心した。

第4章

メンヘラ周りのうざい男と女

マジで
関係ないから
引っ込んでな??

「もっとメイク薄くしなよ」とか頼んでねえアドバイスしてくる男！お前は痛客か？裏で悪口言われてるよ？

「もっと男ウケする服装したほうがいいよ」「男はこういうのが好きだからね」とか、謎の上から目線で頼んでもねえアドバイスしてくる男、不快指数89％！　何でお前が男代表で語ってんだよ。お前になんて好かれたくないので全く参考になりませんお疲れさまです。うざいうざいうざい！　大体そういう男はイキり系で、バッグ取ってって言えばいいのに「ちょっとそこのGUCCI取って」とかわけわかんねえこと言ってくるし、猿みたいな顔面してる。人を評価できる存在か？

私だってYouTubeやTwitterでめちゃくちゃ偏見を

垂れ流していますが、押し付けてるつもりはない！「私はこう思うよ」「これが嫌だよ」って言ってるだけ。でもあいつらは「そのメイクやめな」とか平気で言ってくる。「女として見れない」って見ていただかなくてけっこうだわ、女として見られてないほうがありがたい！

ちょっと感じ悪くすると「いいの？　次は他の子を誘っちゃうよ」ってお前は痛客か？　結局モテないから虚勢張ってて、「俺はモテる」「価値がある」と思わせるために上から目線で「いい女っていうのはこういうことだよ」って持論を恥ずかしげもなく披露して、裏で女子から悪口を言われているという現実。

こういう男は「上から目線でアドバイスしてくる男って気持ち悪いよね」とか言う！　自分がそうだってわかってないの。「同じ男として恥ずかしいよ」とか言うの。嘘でしょ⁉　お前のことだよ⁉　今まで出会ったイキり男みーんなこれ。不思議ですねえ。自分のことを客観的に見られないから、女の子が引いてるのに気付けないんでしょうねえ。

女を「ヤレるヤレない」で勝手にジャッジする男はちゃんと嫌われてるから勝手に滅びる♡

女子の顔に点数つけたり、付き合えるかジャッジしてきたり、挙句の果てには「全然ヤレるわ〜」とか上から評価してくる男！　ほんとにヤバい価値観だな。**「俺がヤレる」が女の子の価値になるとかおごり高ぶるのも大概にしとけよ。**心の中で「ヤレる」と思うことは自由だから何にも言えないけど、それを本人に聞こえるように言ったりするじゃん？　「え〜ヤレますかぁ？　うれしいですぅ♡」ってなると思ってますか？　あんたごときに？　自分にどれくらいの価値があるとお思いなんですか？　家に鏡あります？　そういう男子のみなさん♡　もちろん、

あなた達も女子から付き合いたくない認定されてますよ♡
そして、顔に点数をつける男ほど大した顔してないよね〜。この法則、一体何でなんだろう。あとは年下の女にしかいかない法則な。スペックが低いくせにプライドが高く、自分が上に立ってないと気が済まなくて、だから自分より年上の女とか年収が高い女にはいけないんだよね。自分を客観的に見られなくてかわいそ。**「俺はいつまでも選べる立場」だと思いこんで、おごり高ぶったまま40代50代になり、キャバクラで痛客あつかいされるビジョンが見えますね〜。**
でも大丈夫。こういう男ってヒモ体質とかホストとかのクズと違って、ちゃんとみんな嫌い。ちゃんとモテない。ヒモ系は天性のサービス精神とかがあって、女子を喜ばすことができるからモテちゃったりするけど、上から目線系の男はただただ不快がゆえに誰にも相手にされない。相手にされないから誰も注意してくれなくて一生そのまま。勝手に滅びていくから、相手にしなくても大丈夫だね♡　安心♡

男だから働くとか女だから家にいるとかじゃなくてできないことを助け合えばよくない？

男ってだけでえらいわけじゃねえぞ！って思うことのひとつが、**「女の〝くせに〟家事しない」とか言う男。**しかも共働きなのに言う奴いるよね。家事は女がするものという考えが、根底にあるからこその発言でしょ？　共働きなら気付いたほう、できるほうが分担してやればいいだけの話では？　なぜ頑なに女に押し付けるの？　お前は家事したら死ぬ病気でも患ってんのか？　女友達からたまにこういう話聞くんだけど、そのたびに腹立ってます。家に落ちてるゴミを、「ゴミ」って指差したりとか。気付いたなら自分でやれよ。捨て方知らないんでちゅかー？

私は結婚願望はないんだけど、仮に結婚しても、外で働くのが好きだから家事が好きな人と結婚して専業主夫になってもらえたらうれしいなと思ってる。私が働いて、彼がおうちにいるという関係。今の世の中の夫婦ってさまざまな事情があるし、働きたいほう、稼げるほうが働くとか、共働きなら家事は分担でよくない？　男だから働くとか女だから家にいるとかじゃなくて、それぞれの適性に合ったやり方をしたい。こういう固定概念にとらわれていることについては、男のほうが多いとか、女のほうが多いとかはない気がする。

役割分担は平等がいいなって思います。でも何でもかんでも手分けできるわけじゃない。女には生理痛があったり体力がなかったりで、できないことがある。そんなときは男性に助けてもらって、別の何かで助ける、といったような関係になれればありがたい。せっかく男女で違うんだったら、できない部分を補いながら助け合えたらいいな。思いやりを持って一緒にいられるのがいちばんだよ。

好きピには

髪の毛洗って欲しいし
乾かして欲しいし
歯磨いて欲しいし
一緒に寝て欲しいし

私のことは
赤ちゃんだと
思って欲しい、
その代わり養う。

自称サバサバ系がいちばん"女"卍卍でも結局本命になるのは私達、かわいい系女子なんで♡

自称サバサバ女。こういう女が彼氏の周りでチョロチョロすんのがいちばんやだ〜〜!!! いちばんだいっきらい! 「彼女さんって女友達いるとか厳しいタイプですかぁ〜?」「うちら全然友達なんで〜」ってお前の価値観なぞ知るか。ガチのサバサバ系で本当に彼のことを大切に思ってる友達なら、その彼女も大切にしてくれるだろ。「彼女が不安がるなら呼んであげなよ」って言って、マウントも取らず、楽しく会話してくれるわ! **「別に飲むくらいよくね〜?」「彼女さんちょっと重くな〜い?」ってしっかり彼女サゲしてんじゃん。しっかりあざと**

いわ。

自サバ女は、サバサバと性格悪いを一緒にしてる。「今日ブスじゃない？」「私思ったこと何でも言っちゃうからさ〜」って、それはただの口が悪い女です。「私、女の子から嫌われちゃうから〜」って自覚があるなら直せや。そういう女って「男グループの中にひとりでいる自分がステータス」だと思ってるから、新しい女が入ってくるのを普通に嫌がる。「これ以上女増えなくていいめんどいから」みたいな。お前はめっちゃ女!! 女!!!! ちゃんとねちねちした嫌な部分出てるぞ！ そんな感じなくせに「女こわい〜」とか言うんだよね。お前がいちばんめんどくさいから安心しろ！

バカな男はそういう子を「話しやすい」とか「一緒にいてラク」とか言うけど、結局本命にはなれないって印象。**友達みたいな関係がよいといえども！ やっぱり彼女にしたい子と友達にしたい子は違うわけで、自サバ女はどこまでいっても友達のパターンが多い。** 最後に選ばれるのは、気が使える私達かわいい女子ですから♡

マウント取ってくる女は「すごいね♡」ってさっさとホメて気持ちよくさせとけ勝負するな

自慢はしていいと思う。でも、その自慢の中で相手を下げちゃうと不快感が生まれる。ノロケ話はいいことだけど、そこで「えー、彼氏そんな低学歴でいいんだ?」とか比べて友達の彼氏を下げたりするのはうざいですねー。人にはそれぞれよさがあるのに、そういうマウントの取りかたってよくないよね。**そんなやりかたで「あんたの彼氏すごいね」って言われてうれしいですか?** もはや、誰かと比べないと自分の価値を保てないのはちょっとかわいそうって思っちゃう。ホメてくれる人が周りにいないから「ホメてホメて」ってマウントを取っちゃうのかなって一周回って温かい目で見てしまうくらいだよ。マウントを取ってくる奴に全員共通してるのは、KY。話の流れがその人じゃないのに、すぐ自分の話を「聞いて!」「ホメて!」ってやっちゃう。「モテるアピール」とか「男友達いっぱいいるアピール」とかされたときは、さっさとホメちゃうけどね。そういう人間とは同じフィールドで戦いたくないので「すごいね♡」「話しかけやすいからじゃない♡」ってホメてかわす。マウントを取ろうとしてる人ってこっちに勝負を挑んできてるけど、私はもう勝負すらしない! ホメれば相手も満足して喜べるし、いいことだらけじゃん。真に受けてリングに乗るからイラッとするんだよ。手を抜いてさっさと負けちゃえばOK!

男の子の前で、「ほんとこの子家事できないから～」「すっぴん別人だよ～」とかこっちを下げるのもマウントの一種だと思うけど、**そんな女を見て「かわいい♡ 好き♡」ってなる男がいたらそいつの神経もどうかしてるんで**、マジで無視でいいと思うよ!

友達が彼氏をディスるのは他の女に優しくしてない証拠。「そういうところが安心なの♡」でターンエンド私の勝利

「なるみんの彼氏って優しいよね」「いい人だよね」って言われるより、「どこが好きで付き合ってるのかわからない」ってけなされたほうがうれしい。優しいねって、私の彼氏あなたに何か優しいことしたんですか？　って気持ちになっちゃうんですけど！　どこがいいかわからないって言われるのは、他の女に優しくしてない証拠✌✌　**彼のいいところを独占できてるってわかって幸せですぴーす♡♡**

だから友達の評価って私は気にしないんだけど、ディスられると気分が良くないって子もいるよね。本当に心配してるパターンと、ひがん

で人の彼氏のアラを探して安心したいパターン、どっちもあると思う。それは何て言われるかじゃなくて誰に言われるかでわかる。信頼してる友達に悪く言われたら「ちょっと考え直したほうがいいかな」って思えるけど、うざい上司に飲み会で何か言われても「うぜえ」としか思わないじゃん？

でも基本的には、相談してもないのに他人の恋愛に口出すのはおせっかいじゃない？ お前より私のほうがはるかに彼のことをよく知ってるし、別れたほうがいいと思うならとっくの昔に別れてますお前に助言される筋合いはねえ、という気持ちでいればいいと思います。

もし嫌な感じで彼氏を悪く言われたら、彼氏への愛♡ で言い返しちゃおう。「無愛想だよね」って言われたら「私の前ではめちゃくちゃ甘えてくるけどね」とか。**どんなディスにも使えるのは「そうそう！そういう他の人にはわからないよさが好きなんだ♡」「だから安心でしょ♡」**どう？ 言い返せるなら言ってみ？ って顔でターンエンド！

みんなに優しい人や
モテる人と
付き合って得る
〃優越感〃より
彼氏のかわいいところを

自分しか知らない
〝優越感〟の
興奮しません
か？？？？？？
そういうことです

女子はひとり勝ちに価値を感じる生き物。合コンでマウント取られないように注意しろ

合コンって、難しいよね。女子同士のバトルが。女同士でいるときは面白いのに、男子がいると態度が変わって、マウント取られたり、さりげなくディスられたりとかがある。男同士はあんまりそういう話聞かないのにね。なぜなら、女子は連携プレーじゃなくてひとり勝ちしたい生き物だから。女子って「かわいい」と言われるだけでなく、グループの中で「誰々よりかわいい」って言われるほうがうれしいって本で読んだことがある。他人と比べてホメられることに価値を感じるのが女性のほうが強くて、だから**「今日の合コンで私がいい女ですよ、**

いちばんかわいいですよ」っていうのがマウンティングという形で出ちゃうのかな〜。　そういう心理があるから仕方がないのかなとも思うけど、合コンでキャラ変わる友達を見ると「マジか」ってなっちゃうよね。この心理、詳しく研究したくなってきたな……。

昔、マウンティングをする人の心理について調べたことがあって、結局マウンティングする人って自信がないんだって。**誰かに認めて欲しいっていう欲求がマウンティングにつながる。**　自信がある人は自分が上ってわかりきってるから、マウンティングしない。「こいつには負けたくない！」って思ってる時点でもう負けてるんだよね。実は。

結局合コンでのうまい立ち回りかたって、女子のこともホメて、「飲み物いる人〜」も男女分け隔てなくして、そして究極は、モテすぎないようにすること。結局モテる女子はひがまれて足引っ張られちゃう……。女の子ってめんどくさいから、ここらへんを守るのがターゲットにされないうまいやりかたな気がするけど、それって合コンに参加する意味あるのか⁉

あざとい女子①
かわいく思われるための努力をしてる。嫉妬してネチネチ言うのはマイナス

あざといって言うと嫌な感じがしちゃうけど、私はそういう子のこと全然うざいって思わない。**かわいいと思われたいのは純粋な気持ちだし、それを素直に出せる女の子はうらやましいなって思う♡** 誰かを下げるってことをしなければ、むしろいいことじゃん！　みんなから愛されてモテるあざとい子と、嫌がられてモテないあざとい子の2種類がいて、前者は女の子の気持ちまでしっかり考えて気が使える子。後者は、男子の気持ちすら考えてなくてその場で自分がかわいく見えればそれでいいって子。だから周りに不快な思いをさせちゃう。自分のメ

リットしか考えない子は、女子からも嫌われるけど、男子からもモテないと思うよー。私もそういう子は苦手。でも、どちらのあざとい子も嫌い！　っていう女子は、単純にモテる女を見るのが面白くないだけじゃない？　不特定多数の男からの評価を自分も得たいという気持ちがあるんじゃないかな。私は、自分を下げられなければ、自分の好きピにアピールされなければOKなんだよね。好きじゃない異性からの評価なんてどうでもいいし、そこで勝負してないから。

そもそも、「あざとい」ってかわいく見せるモテるための努力をしてるってこと。頑張ってる子と頑張ってない子に評価の差がないほうが不公平じゃない？　かわいいって思われたいのに思われてない。なのにあの子はあざとくてもかわいいって思われてるからムカつく！　ってねたむくらいなら、あなたも努力すればいいんじゃないかな。**自分を磨く努力してないのに、努力してるあざとい子を妬んで裏で悪く言う子のほうが、どうなのそれ？　って私は思っちゃうな。**

あざとい女子②
男子はわかった上でダマされたい願望あり！
WINWINだからひがむのムダ

あざとい女の子を「かわいい！」って思う男子の気持ちはわかるんだよね。〝あざとい問題〟って、学校でのひいきと似てるんじゃないかな。学生時代は「ひいきする先生マジうぜえ」と思ってたけど、ひいきされる子って遅刻をしないとか宿題をちゃんとしてくるとか、ひいきされる理由が必ずある。**人間の心理って「ひいきはよくない」っていう単純な善悪だけではコントロールできない。やっぱり自分にとってのいい子を好きになるし、何かしてあげたくなるのは当然だよ。**あとね、あざといとわかった上で、ダマされたい、転がされたいっていう男子も多いよ。「だって俺に好かれようとかわいくしてくれてるんでしょ?」って。ダマされた男子に腹が立つこともあるけど、双方が幸せなら別にいいんじゃない? ひがむ感情がムダって思う。

でも、あざとい女の子にダマされる男の印象が悪いのも、よくわかる。**〝誰にでもいい顔している男関係にだらしない女の子〟にひっかかっている場合も多いから。**

かわいいじゃなくてヤレそうな女をチヤホヤする男のことね。そいつらのことは「バカだなー」と思ってます✌ヤレそうだからかわいく見えてますよね、あなた⁉

女の子も、「ヤレそう」路線のあざとさはやらないほうがいいよ。本人が幸せなら仕方ないけど私は反対。だって、ヤレることが価値になっちゃうでしょ。

どっちにせよ、好きな男子を落とすためにかわいくしていようが、男とヤリまくってようが、**私に害がなければ何でもいいです。私の好きな人に何かしてくるなら、潰しますけど♡♡♡♡**

自分がブスなことを
自覚しているのに
変わる努力もしないで
他人をうらやましがる
ブスはもっと嫌い。

自分が自分を
かわいいと思えるだけの
努力しているからなのに
責められる意味ある？

断言します!!!!!!!!!!!
元恋人とは友達にはなれません!
あなた達おセッセした
仲ですよね?????????

いっけなーい★　殺意殺意★　いや、ガチで性別関係なく友達同士になれる男女なら、恋愛感情なんて一度も抱かないはずなんですけど？「友達に戻る」とか、都合のいいこと言ってんじゃねーぞ。いくら主張してもダメですよ。周りはそう見てませんからね。お前ら昔おセッセしてんだから友達ではないよ。**それともお前らは友達ともおセッセするんですか⁉　綺麗ごと言ってんじゃねーぞ!**「付き合ったけど何か違うなって1か月で別れました！　手もつないでません!」っていう奴らにだけこの主張を許す。

おたがいフリーならいいよ。　元恋人だろうが友達だろうが誰にも被害ないし。　でも、どちらかまたはどちらにも恋人がいる場合。　それは今の恋人の気持ちを考えて会わないようにしろよ。「むしろ元カレのほうが仲良くなれるんだよね」とか「元カノって深く知った仲だから相談しやすいじゃん」とか言う人いるけど、何を言ってるんですか？？？「今となってはいい友達だよ」だ？　〝元恋人は元恋人〟という関係です。　それ以上でもそれ以下でもありません。　あなたは元恋人と食事に行き、元恋人に恋愛相談してるんです。　わかった？　万が一、やましい気持ちが一切なく友達に戻ったとしても、男女の関係ではあるんです。　**人と付き合うことってかなりのエネルギーを使う。　そんな特別な存在だった相手が〝ただの友達〟になれるわけないでしょ。**　何でそんなこともわからないの。　その関係に今カノは苦しむのに「今は友達」って言い訳する男には殺意がわいちゃう♡♡　バーカ！　あと、自分から振っといて「別れても友達でいよう」って言ってくる男なんなの？　サイコパス？　あのフレーズがいちばん理解できないんだけど⁉

どんだけダイエット
頑張っても
好きな人がデブ専なら
何の意味もない、
周りの興味ない男に

「痩せてるほうが
〝男は〟好きだよ！」
と言われてもどうでもいい。
自分にとって〝男〟は
〝私の好きな人〟しかいない。

Column 4
なるみん物語

「努力は必ずしも報われない」バカ正直が損する世界

高校を中退したけど、アイドルでの成功を確信できるほど、うまくいってたわけじゃなかった。アイドルは、自分の評価が目に見える。例えばイベントのチェキ列。自分の前に誰も並んでないとき、「今日この場で私に価値を感じている人はいないんだ」ってそれまであったわずかな自信もなくなる。私は話すことが得意で「面白い」が武器だと思ってたけど、それはアイドルとして本命にしたい要素じゃなかった。新規の人は多いけど、私〝単推し〟って人はなかなかついてくれなかったんだ。

でも、高校をやめてアイドルの自覚を持つようになってから変わった。「お客さまにお金を使ってもらってる」っていう自覚。「なるみんに会うために急いで仕事終わらせて来たよ」って言ってもらえることへのありがたさも芽生えて、言い訳をして努力しないのは応援してくれる人に失礼だなって考えられるようになった。そして「努力は必ずしも報われない」ってことも学んだ。「私、頑張ったから使ってください」なんて通用しない。努力することは当たり前で、まず、人に好かれることが大切。リアルな話をすると、運営に愛されなきゃダメ。媚びを売るってことじゃなくて、相手にちゃんと気を使えるかどうか。運営とタレントの間にいい関係が生まれれば、人気が出なくても「この子はどうやったら売れるだろう」って、対策してもらえるもん。逆に、売り出したいと思えない子に、仕事を取ってきたいと思えないもん。

「嫌いなら嫌いでいいですバイバーイ」って反発するのは損をする。一緒に仕事をしたいと思ってもらうための気使いが欠けてたなって今では思う。したたかなのは悪いことじゃない。もし悪いとするなら、バカ正直が損をする世界のほう。

第 5 章

メンヘラの別れと復縁

クソキツい し病むけど

恋の経験値は上がる♡

大好きな彼と別れるときは、ボロクソ言って別れを供養。未練を全く残さないのが次に付き合う彼への礼儀

彼氏に振られるなら、「お前のことなんか大嫌いなんだよブス！　顔も見たくねえ！」くらいに言われたほうが潔く終われる。友達でいようとか論外です。私も別れるときボロクソに言ったことあるよ。1か月距離を置こうって言われて、まだ別れてない状況なのに、他の女の子にちょっかい出してることが発覚した。別れるときに証拠のスクショ全部送りつけて、**「てめえと1年半で別れられたと思ったら全然プラスだわお幸せにな」っつってブロックした✌✌**　本当に大好きだったからこそ、1日2日じゃ忘れられない。だからボロクソ言って別れて無理

やり距離を置いて忘れるんだ。元カレに全く未練を持たないのが次に付き合う人への礼儀だから、毎回毎回こうやって供養してます♡

もちろん「別れるときはボロクソ言って別れな？」って話じゃないよ。私の場合、大好きすぎて普通には戻れないから、裏切られてそういう言葉が出ちゃうだけ。でもそれも、今まで好きだったことへの裏返しみたいな感じ。別れるときにボロクソ言うメリット・デメリットは人それぞれあるから、みんなにおすすめってわけではない。**私の世界には女友達と彼氏しかいないので、彼氏じゃなくなった途端、「お前誰？」ってなる現象が起きてしまうだけなんです。**私の中の彼の存在は大好きか大嫌いしかない！

相手に対して「私みたいな女は忘れて幸せになってね」なんて優しい気持ちは1ミリもありません。申し訳ないけど、私が幸せになるための行為です。別れたあとの彼氏とかどうでもいいんで、私が未練なく次に行くためだけに！　そのためだけにボロクソ言ってます♡

元カレを忘れたいなら「忘れよう」と頑張らない。LINEも写真も動画も消せば顔や声すら忘れられる

元カレを忘れなきゃいけないっていう法律はないから、つらくても好きでい続ける道もある。

「私が勝手に好きなだけだもん！」って開き直れるならいいと思う。でも、最初はそう思えても、きっと会いたくなるし、他の女の子と付き合って欲しくないけど、そんなこと言えないからがまんしなきゃいけないし、それってかなりつらいと思う。でもそのつらさよりも、忘れるつらさのほうが大きいなら想い続けよう。

忘れられなくて苦しいとき、私が意識したことは「他のことをしたり考えたりする時間を増やす」こと。女友達と遊ぶでも、仕事に没頭す

るでも、エステに行って自分磨きしてみるでも、何でもいい。そのときは、「彼を忘れる」を目的にしちゃダメ。「忘れよう」と思うことで元カレを認識しちゃって、いつまでも忘れられないから。人間は記憶のキャパに限界があるから、他のことをしまくってたらいつのまにか元カレが保存してあった場所に、何かが上書き保存される。そして「あれ？　今日は元カレのこと1回も考えなかったな」っていう日がやってくる。それに、別れたてはめっちゃ病むけど、彼が過去の人になったとき、「え、誰？　キモい」って急に色褪せることない??　女の子って魔法解けやすいw

あとは、LINEや写真、動画は全部消すこと。思い出したくないのに残しておく必要、ありますか??　ないですよね⁉　**連絡も取れない、写真も動画もないっていう状況に自分を追い込むと、意外と顔も声も忘れていっちゃう。**　1年も見てないと完全に思い出せなくなるよ。その状態で久々に元カレに再会して「え？　こんな顔だったっけ？」ってなったらもう完璧忘れることができます。おめでとう！

自分から振ったのによりを戻したくなったら素直に「後悔してる！」の降伏宣言。駆け引きするのはダサすぎ

自分から振ったのに、忘れられなくて後悔しはじめたとき。**自分のミスを認めて素直に降伏宣言しよ。「私から別れたのに連絡取っちゃダメだよね」っていう気持ちは必要ない。けど「私がバカでした」って自分から折れるモードで行くのが重要だと思う。**私だったら正直に言っちゃいます。「ごめん、後悔してる！」って。自分から振っといて、相手の状況さぐるとか、駆け引きするのダサすぎるもん。逆の立場で考えるなら、振ってきた元カレが「今、彼氏いるん？w」とか、まだ自分のものだと思って連絡してくるダサさだよ！　潔く「逃した魚は

大きかった」って思ってることを伝えて、彼の感触を探るしかないよ〜。

彼の様子がまんざらでもない場合は、自分の今の気持ちを伝える。伝えられないいんだったら「○○くんがいちばんよかったな〜」って強めに好きを匂わせる。このパターンは復縁するの簡単だと思う。

そして彼が吹っ切れちゃってる場合。それはもう絶対駆け引きしないほうがいい！　後悔してることをはっきり伝えて「また好きになってもらえるように頑張る！」って正直に出る。そのほうが、いじらしくてかわいいと思わない？　逆に考えてみて。あなたがもう吹っ切れてる元カレからさそわれるとしたら。駆け引きされるより、「正直後悔してる」「あのとき振った自分バカみたいだわ」って言われたほうが、男らしくて印象いいよね。だから、自分に不利なときこそ心の中を全部さらけ出して、誠心誠意ぶつかろう。自分から振ったのに駆け引きするのはダサい。それに、**彼のほうに未練がなくても、ストレートに気持ちを伝えることで、意識しはじめるパターンは絶対あるはず！**

人を好きになるのも嫌

いになるのも疲れる

元カレと復縁したいなら1年連絡を絶って自分磨き！でもあなたの未練を利用して連絡してくる元カレに価値ある？

好きだったのに振られた。まだ好きだけど忘れられない、忘れたい、復縁したい。でも無理。なのに、彼からなぜか連絡が来る……。そういうときの男性は、**たぶんシンプルにヤリたいだけかな！**周りの男性陣から、「いつまでも元カノを自分のもんだと思ってるし、特別な感情を抱いちゃうよね～」って聞いたことがある。

復縁したいなら、連絡が来ても返すべきじゃない。だって別れてすぐって、彼の中のあなたの印象はほとんど変わってないじゃん。〝今の自分〟に何かしらの原因があって別れているんだから、今のままじゃ復縁できないってこと。思い切って1年くらい連絡を絶って、自分を磨いてから会ってみよう。そうすれば元カレが「何で俺、こいつと別れちゃったんだろう」って後悔する可能性もある。本当に好きなら、それくらいの努力できるよね？

それに、連絡をしていると元カレに「こいつまだ俺のこと好きでしょ」ってナメられるかもよ。1年くらい空ければ「俺のことまだ好きかわからない」ってなるでしょ。そうなって初めて向き合える！　恋愛は勝ち負けじゃないけど、好きになったほうが負け。でも勝ちたいじゃん。連絡を取り続けたら負けっぱなしだよ。このままでいいの？

でも、連絡してくる元カレって、ダサくね？　結局元カノにしかモテねえんだろ？　新しい出会いでモテないから、元カノと連絡取ったりヤッたりして自分を満たしてますよね。そんな男に価値ある？「俺のことまだ好きなんだろ」って調子に乗ってる男全員に言う。お前はダサい。勝負してないもん。「そんな男を好きな自分もダサい」って奮起して、次の恋に行くのもいいと思うよ！

遠い昔に別れたのに
ヤリモクで連絡してくる男には
愛想よくしたあとに、
「彼氏いるよ♡」で残酷返し

なぜか男にとって元カノは、いつまでも〝俺のもの〟。女にとっては、ただの元カレなのにね。元カレってだけでドヤ顔してんじゃねえぞ？？　別れてしばらく経ってるのに「元気？」って連絡してくる男の心理としては、**「いい女になったな」って後悔して連絡してきたか、「ヤレたらヤリたいな〜」くらいの気持ちしかない**と思う。今カノとうまくいってないからさみしさを埋めるために連絡してくるとかね。実際、周りの男子に聞くとそんな感じ。セックスしたいだけなら、新規の女の子とセフレになるより、元カノならめんどくさくないしリスクがないよね、みたいなしょうもない男の心理ですよねー。

こういう男は無視するのが正解だけど、ムカついたらあえて愛想よく対応して仕返しするのもあり♡　「私に興味あるんだ？　私はないけどねざまあみろ」と内心思いながら愛想よくする♡　「私はあなたのこと意識すらしてないので、ニコニコ対応できますよ」ってアピール♡

「やっぱりこいついい女だな」って、**ワンチャンいけそうな雰囲気を出しておいてからの「今彼氏いるから無理♡」って**、一切関係は持たないという〝残酷返し〟です。別れ話のときに「これからは友達でいよう」とか言ってきた元カレなら、よりスカッとする。あんた達がやってる「好きじゃない人にも優しくする」って、こういうことだよ？　あんたが振った女、今はこんなにいい女ですおつかれさまでぇす♡

でも、元カレの中には本当に復縁したい、まだ好きって思っている人もいるはず。それは「すぐ誘ってくるかどうか」で見極めてください。本気だったら、連絡だけとかご飯だけとか順序を踏んでくれるはず。男って単純なんで、ヤリたいだけの女にはそこまで気を使わないから！

クズ男と付き合ったから次の彼氏の優しさにいっぱい感謝できる謙虚でいい女になれた♡♡

クズ男と付き合うと後悔するよね！　貸したお金、全然返してもらえない……とかもある。　これはお金を貸す人全員に言えることだけど、あげてもいいって思える人じゃないと貸しちゃダメ！　本気で返してもらいたいなら、共通の知人に連絡してもらおう。**直接言って返してくれるような男なら、とっくにもう返してくれてる。**私なら、高い授業料だったと思って諦めるかなぁ。　二度とお金貸すのやめようって気付けたからいいやって。　貸す前に判断できなかった私のミス、私が悪いって思うしかないかな〜。　恋は盲目だから好きだったら貸しちゃうし、自分を責めなくていい。「1年で別れられてよかった。3年とか5年とかムダにしなくてよかった」ってポジティブに捉えていくしかない！

そして、**クズ男と付き合ったことは、実は悪いことばかりではありません。クズ男と付き合ったからこそ、次に付き合った人のありがたさを感じられる。いっぱい感謝できる！**「わ、車道側歩いてくれる！」「わ、おごろうとしてくれる！」「送るよって言ってくれた！」とか、小さな気遣いに喜びを感じるよね。最初の彼氏がめちゃくちゃい彼氏だと、次の彼氏の気遣いに気付かなかったり、やってくれないと不満に思っちゃったりするんだよ。でも、元カレがクズだと、当たり前のことでさえ「うれしいありがとう大好き♡♡♡」って感謝を伝えられる。そして、彼氏はもっともっと好きになってくれる。クズ男のおかげで謙虚な女になれたと思えば、付き合ったこともそんなに悪いことじゃないよね？　次の恋愛に活かせればOKでしょ。人生日々勉強♡

〃良い女〃と〃都合の良い女〃
って違うよね。
女の子の〃好き〃って

気持ちにつけ込んでお金貸してって言ってくる男は本当にゴミクズ

さみしいって気持ちが恋愛のレーダーを敏感にする。手近な元カレで埋めてたら次のステキな人を見逃すよ

「さみしい」って理由だけで、元カレとのズルズルした関係を切れない人に、新しい恋はおとずれない。それで幸せだったら目の前のさみしさだけを埋めてればいいと思うけど。**いい恋愛してる人って、絶対にそのときの感情だけで行動しない。**例えるなら受験勉強と同じ。「遊びたい」に流されて勉強しなかったら合格できないよね？　元カレとズルズル関係持ってるような人を男の人は選ばないよ。そんな自分を好きになってもらえると思う？　人間って同レベルの相手と付き合うものだから、元カノとズルズル関係が続いてますっていう男しか寄ってこな

いと思うし、きちんとしてる人はあなたのこと好きにならない。「いい人いない」って言ってる女は、いい女じゃないんだよ。

連絡を取るくらいの関係ならいいけど、がっつりセフレまでやってると、いい人が現れても見逃しちゃう。メリットなし！　さみしい気持ちは恋愛のレーダーを敏感にする。さみしさを手近なところで満たしてたら、ちょっと気になる人ができても「まいっかさみしくないし」ってなっちゃうじゃん。新しい人間関係の構築から逃げて、近場の元カレで済ませてる。それでいいんですか？　いい恋したくないの？　数年後ひとりでいるほうがリスクだよ。周りの友達が結婚して子どもがいるのを見て「うわーあの時間ムダだったわ」って思っても、時間は返ってこない！　元カレやセフレはあなたを幸せにはしてくれない。「元カレを切ったらさみしいかも」って思うかもしれないけど、それは前に進んでみないとわからないこと。**現状維持は衰退。怖くても次への一歩を選ぶほうが、結果、欲しい物を手に入れられるんじゃない？**

失恋の傷を癒してくれるのは次に出会う好きピだけ！恋に妥協しないために男を見極める冷却期間が必要

別れてさみしい気持ちはわかる！　わかるんだよ！　でもさみしさを好きじゃない人で埋めちゃダメ。**「失恋の傷は男でしか癒せない」とか言うけど、その「男」っていうのは、次に大好きになる好きピだけなんです！**

新しい大好きな彼氏が出てきて、やっと〝男〟交代です。だから、別れたてでさみしいときは、友達とお泊り会するとか、Ｎｅｔｆｌｉｘ見まくるとか、男に逃げずに時間を使うようにいろいろ手段を考えてみて。さみしさをまぎらわすだけなら、女友達と会ってワイワイガヤガヤしゃべって、「そこまで言う⁉」ってくらい元カレの悪口言ってもらったら案外元気出たりするよ。もちろん、男友達と会うのもいいと思うけど、恋愛対象じゃなくても男として見ちゃう相手は避けたほうがいいと思うな。彼氏と別れたばっかりの状況って、人を好きになりやすいんだもん。そして、その〝好き〟は勘違いのパターンもめっちゃある。だから、本当にさみしいときこそ、冷静になる期間を持ったほうがいい。ヤリたいだけの男にひっかかっちゃうかもしれないし、そんなに好きではない人と妥協して付き合って、失敗しちゃうかもしれないよ！本当に好きな人と付き合いたいなら、冷静に男の人を見極められるまで回復してから恋愛の場に出ていくべき！

ってことは逆に、気になってる男の子が失恋したあとはめちゃくちゃ大チャンスってことでーす✌✌

さみしさにつけ込んだ奴が勝つ✌✌こっちは真剣なんだから、チャンスを逃さないのは当然。「待ってました来たー！！！」というテンションで行っちゃえ行っちゃえ〜！

恋愛体質の人は
失恋したら自分を磨くチャンス。
そのとんでもない集中力を
仕事や夢や趣味に使うと最強

恋愛体質なのに「失恋しちゃった」「今、恋してない」。この状況はチャンスです。**彼がいなくなった＝「私、他のこと頑張るしかないじゃん！」って奮起するタイミングです。**

私も恋愛体質だけど、失恋したその瞬間に仕事に本気になれた。恋愛に使っていたパワーが行き場をなくした結果、仕事や勉強を頑張るしかなくなった。「好きな人が自分のこと好きじゃなかった」「彼と自分の気持ちが一緒じゃなかった」「くやしい大嫌い見返してやる！」って力を120％他のことに使う。だって私にはそれしかねーじゃん今、ってことじゃない？

依存性が強いってマイナスのイメージだけど、夢や仕事に依存できたら、めちゃくちゃプラスになると思うんだよね。　集中力がすごいってことだもん。業績が伸びたりめちゃくちゃ稼げるとか。もちろん趣味でもいいと思う。いい機会だと思って、恋愛以外のことに目を向けてみると、次の素敵な恋愛につながる可能性もあるよ。何かを頑張って成長した先にある恋愛って、今までの恋愛と違うかもしれない。自立できなくて彼氏に依存してたときより、ずっと成長した恋ができるはず。

私はずっと彼氏以外に大切なものがなかった。だから他のことを大切にする気持ちがわからなくて「私はあなたしかいないのに何で友達と遊びに行くの？」とか思っちゃってた。でも、失恋&成長期間を経て、友達や家族に支えてもらったことにより、「他の人たちも大事じゃん」って気付けたんだよ。そして彼が友達を大事にするのも当然、って思えるようになった。だから！　別れたばかり、恋をしていないっていう恋愛体質の人は、自分が変われるチャンスなんです！

綺麗ごととか
じゃなくて、
〃大切な人が

いない人生〟が
がまんできない
だけ

元カレって昔遊んでた
おもちゃみたいなもん。
当時は夢中だったけど
成長した女子には不要です

元カレになった時点で他人だし、好きだったからこそ、キモいし嫌いになる。そしてその期間を通り過ぎたら「無」w　好きとか嫌いとか意識するレベルにいない。付き合ったことを後悔することは1回もないし、「元カレだから」って特別扱いすることもないって感じです。私の中には女友達と彼氏しかいないんで。だから、別れたあとは関係ないし**存在ゼロだからな。ご新規さんだよ。むしろ別れる理由があったってことで何ならマイナスだかんな？**

男子の中には未練がなくても昔の彼女を忘れられない〝元カノブラン

ド〟ってのがあるけど、女子には、〝元カレブランド〟なんて存在しないんだよ。　昔の元カレって例えるなら古いおもちゃ。　成長するにつれて、遊ぶおもちゃって変わるでしょ？　いつまでも成長していない元カレなら、対象年齢に合ってない昔のおもちゃなんです。**元カレっていうだけでマウンティングしてくる奴もいるけど、おめえらは幼児期に遊ぶ〝あいうえおの積み木〟レベルだから。　いつまでもリカちゃん人形で遊んでないんだわこっちも。**

もちろん思い出や過ごした時間はあるから「エモいなー」くらいの気持ちにはなるけど、「またそのおもちゃで遊びたい」＝「また付き合いたい」っていう気持ちにはなりません。　仮に、昔付き合って楽しかった元カレと今付き合ってあのときと同じくらい楽しいか、と言うとそれはない気がする。　もし楽しそうだと思うなら、今の好きな人とうまくいってないせい。　今が充実していればこれ以上の気持ちになることはありませんってこと！　昔のおもちゃはいらない。　あいうえおの積み木よりリカちゃん人形より、新しいiPhoneが欲しいです私は。

好きな人に出会った瞬間好きになってもらえるレベル100の女を目指すのが新時代のメンヘラ

いい恋に出会ういちばんの方法は「今やっている恋愛以外のことを頑張る」ことなんだよ。誰だって頑張ってる人に惹かれるものだし、いざ好きな人ができたときに「彼に好きになってもらえる自分」になるだけの自信がついているじゃん。恋が見つからない場合は、自分で探しに行くこと！　手段とか出会う場所にこだわっている場合じゃない。私の友達には、ナンパで出会った彼と幸せな結婚をした人もいる。とにかく選んでもらえる価値のある自分でいるということが、どの現場においても大事！　いつでも戦闘態勢でいること！　出会ったときに「はい、私すでにレベル100の女ですいつでもいけますよ」っていう状態にしておく。**「うわ、いい人現れた！　じゃあ今から女磨き頑張ります」じゃ遅い！**

すでにレベル100の女が近くにいたら負けちゃうよ。私だって、すでにレベル100の男と「今から頑張るから待っててくださいよ！」のレベル10の男がいたら、やっぱりレベル100の男を選ぶ。日々のレベル上げが大事ですねやっぱり。頑張っていない自分を無条件で好きになってもらえることなんてない。橋本環奈ですら日々努力してるのに、私達が努力せずに好きになってもらえる理由って何？　彼氏が大好き♡　恋が自分のすべてで最高の恋愛をする♡　って思ってるからこそ、恋愛以外のことを頑張らなきゃいけないんだと思う。好きな人を幸せにして、かわいがられて、幸せになるために自分を磨く。彼だけに依存はしない。自己評価が低いからこそ、そのままで愛されたいなんて甘えたこと言ったり夢見たりせずに努力して、自分をレベル上げする。**それが好きピに世界でいちばん愛される、新時代のメンヘラ♡**

結局好きに
なったほう

の負けなんだよ悔しい

Column 5

なるみん物語

自分の武器でYouTubeデビュー。目標は死ぬまでシイナナルミでいること

高2でデビューして、20歳まではずっとアイドル。アイドルやってる最中に、動画をはじめた。当時はVineやミクチャが流行ってて、女の子にはまだいなかった面白系動画を軽い気持ちで始めたの。そしたら女子あるある動画がバズった。うれしくてその動画をこすりまくって、どんどん「あるあるの女の子」として定着していった。Twitterでも、「元カノ匂わせ奴〜ww」っていう動画が4万RT、10万いいねになって、フォロワーが1日で1万人増えたりした。アイドル活動を終えて、自分が武器にできるものは何だろうって考えて、それが動画だったんだ。卒業ライブのチェキの売り上げでMacを買って、YouTuberになった。最初の収入はもちろんゼロ。誰とも遊びに行かず、毎日研究

して、数か月経って、最初に手にした収入は1か月で4万円だった。

女子あるあるを武器にYouTuberを続けてたら、再生数が増えて、去年の夏にはひとり暮らしをはじめられるまでになった。そしてアイドル時代からのファンの男女比が逆転。高1時代のなるみんネットワーク復活！　同性に「面白い！」って言われるのはうれしいし、私の武器なんだって再確認。その武器を伸ばしていったら応援してくれる人の数が増えていき、今に至ります。

Zepp DiverCityでワンマンライブができるアーティストになりたい。もっと本格的に映画やドラマをつくりたい。お芝居にも興味がある。でもいちばんの目標は、「ずっとシイナナルミでいること」。大人になったからクリエイティブな活動をやめようとか安定しようとか思わずに、新しいことにチャレンジし続けていく。私は、おばあちゃんになってもシイナナルミでいたい。

あとがき

この本を手にとってくれたみなさま。
悩んでる恋や、苦しい恋をしているみなさま。
ちょっとでも、気持ちが軽くなったでしょうか？
大きい事務所に入ってもいない
フリーランスの私がさまざまな活動ができて、
本を出せるまでになったのは、
なる民こと、ファンのみんなのおかげです。
私のいろんな夢を叶えてくれて本当にありがとう♡
みんなへの愛と感謝は、誰よりも強いっていう自信がある！！
そして、みんなの愛と治安のよさで、
なる民共和国は平和に、どんどん発展していますす♡
この本には「私はこう思う！」ってことを書いたけれど、
今のあなたの考えや行動を変えたほうがいいって

押しつけているわけじゃないよ。
「そういう方法もあるのか」って考えるきっかけになれば、
うれしいなと思っています。
いっぱい語ったけど、結局いちばん伝えたいのは
「これからも彼のことを大好きなままでいいんだよ」ってこと。
恋愛は自分だけで成立するものじゃなくて、相手と自分。
そこをはき違えなければ、メンヘラは
「ただの彼氏のことが大好きな女の子」だもん！
どうか、自分の好きって気持ちを抑え込まないで。
みんなが、「彼氏のことが大好きすぎる自分」のことも
大好きでいられますように♡

シイナナルミ

Staff

デザイン　小口翔平＋岩永香穂＋大城ひかり（tobufune）
構成　東美希
カバーイラスト　ナナカワ
DTP　尾関由希子
校正　麦秋アートセンター

シイナナルミ

1996年生まれ。アイドルグループ「81moment」で2年間活動後、YouTuberに転身。メンヘラYouTuberとして男女のあるある動画を投稿し、注目を集める。Twitterでの恋愛ツイートが「名言すぎる」と共感される。TV「痛快TV スカッとジャパン」出演、2019年9月CDメジャーデビュー。脚本・監督を手掛けたウェブドラマ「JKコンプライアンス」を公開するなど幅広い分野で活躍中。

Twitter　@NARUMIN_com
Instagram　@narumin_chan
YouTube　「シイナナルミ」

自己肯定感低《じここうていかんひく》すぎて 嫉妬《しっと》してるときの自分《じぶん》 マジで化《ば》け物《もの》みたい

2019年 12月 5 日　初版発行

著者／シイナ ナルミ

発行者／川金 正法

発行／株式会社KADOKAWA
〒102-8177　東京都千代田区富士見2-13-3
電話 0570-002-301（ナビダイヤル）

印刷所／大日本印刷株式会社

●お問い合わせ
https://www.kadokawa.co.jp/（「お問い合わせ」へお進みください）
※内容によっては、お答えできない場合があります。
※サポートは日本国内のみとさせていただきます。
※Japanese text only

定価はカバーに表示してあります。

ISBN 978-4-04-064274-1　C0076